中学生必读的 5 位中国大诗人

千古风流
人物

黄玉峰说苏轼

黄玉峰 ⊙ 著

复旦大学出版社

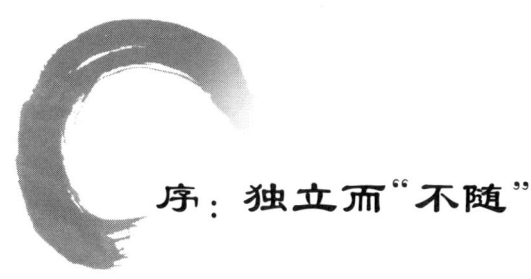

序：独立而"不随"

赵志伟

在提笔写这篇序言时,我想起不久前看到的一则报道:

1797年7月,美国一位年轻的父亲为失足坠崖的5岁孩子在自己的土地上修建了一座坟墓,因为过分悲痛,夫妇俩决定移居他乡。在转让土地的契约上,孩子的父亲提出了一个特殊的要求:无论什么情况,孩子的墓地都不能拆迁铲平。

一百年过去了,这片土地不知被转卖了多少次,但孩子的墓地却完整地保留下来。在此期间,格兰特总统逝世,政府决定在此地建他的墓地,但他们没有将孩子的墓迁走。

又过了一百年,1997年,美国政府决定重修这座总统墓,同时将去世二百年的孩子的墓整修一新。

里根在一次拜谒格兰特总统的墓时,说明了这样做的理由:孩子的墓,属于他的私人领地,谁也没有理由剥夺他安卧在自己领地的权利。

读了这则故事,我浮想联翩,假如同样的事发生在我们这里,结果将会怎样?于是,我突然想到了九百年前的苏东坡。

——黄玉峰说苏轼

美国加州大学研究东南亚语言文化的学者艾朗若说:"苏东坡不仅在中国,在欧洲、美洲,直至世界文学史上也是少有的文化巨人。他的诗、画、文章和哲学思想都达到了特殊的高度。"

参与中日韩美国际合作项目——《苏东坡研究史》的美国学者唐凯琳博士说:"在西方汉学家的心目中,没有一个中国传统文人能像苏轼这样得到肯定和重视。这是因为他的身后留下了一个浩瀚渊深的'苏海',几乎囊括了中国传统文化的各个领域。"

那么,浩瀚渊深的"苏海"仅仅是在诗词文赋方面吗?看来并非如此。

林语堂说苏轼是具有现代精神的古人。说他的一生有着对自由、平等、博爱、民主、人权的朦胧的理想和实际的追求。

他敢说"我坐华堂上,不改麋鹿姿"(我即使坐在朝堂之上,也不会改变追求独立的本色);

他敢说"好诗冲口谁能择"(我是有话就得说,有诗就要写,不吐不快,毫无顾忌,谁能阻挡,这是我的言论自由);

他敢说"不须论贤惠,均是为食谋"(人都是平等的,无论是好是坏,都有生存权);

他敢于对皇帝说"我岂犬马哉,从君求帷伞"(难道我是一条狗一匹马吗?难道我只是为了求得皇帝的一点破布掩埋以终吗?);

他敢于向皇帝叫板:"苛政猛于虎。水旱杀人,百倍于虎;人畏催欠,甚于干旱……是常有二十万余虎狼散在民间,百姓何由安生?"(此等文字,在官场上,谁曾说过?)

他敢于上奏朝廷:"天下莫危于人主,聚则为君民,散则为仇雠。天下归往谓之王,人各有其心谓之独夫。"(这简直是民主的

序：独立而"不随"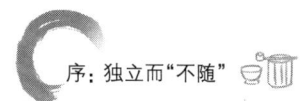

宣言。)

这一切,难道不足以说明苏轼的现代精神?

他旷达、宽容、正直、诚信、慈柔、坚韧、创新;他提倡独立自由,追求平等;他同情弱者,关爱他人;他既会为民造福,又会享受生活——这一切难道不正是林语堂所说的现代精神的涵义?难道不正是"苏海"所包括的内容?

也许,正因为如此,我自然地想到了上面的那则故事。它们的共同处,便是对人权的捍卫,是对人权的尊重。而每个人的权利都是应该得到尊重的,不管他是皇帝还是乞丐、贵族还是平民、大人还是小孩。然而真正要做到这点,谈何容易!

尽管如此,苏轼是在追求了——虽然,他没有用现代的词汇。

一般认为,在中国传统文化资源中,多的是专制、等级、仇恨、奴性。不错,大量充斥的是这些,但是从以苏轼为代表的求真、求善、求美的人们的诗文以及所作所为中,我们似乎能看到它的对立面:对独立、自由、平等、博爱的追求,虽然他们也许并不自觉,虽然它的力量是那样微弱。——但"苏轼们"的存在,证明中国几千年的历史并非全是黑夜而没有光明!他证明中国的传统文化并非一无是处,并非全是吃人!他也有美好的东西——就像美国那个故事。

讲苏轼的书,坊间已经不少。玉峰以"人生"为线索,将苏轼一生行状与诗文串起来,在讲述时倾注了自己的人生体验,处处不脱离生活,常把苏轼作为一面镜子观照现实,是较为独特的。

他强调了苏轼"不随"。所谓"不随",就是有独立的精神,有自由的思想,有自己的是非标准,不随权势变化。苏轼起先反对王安石变法的某些措施,后又反对司马光全盘否定王安石的做法。结果两边不讨好。在专制社会,文人往往是"随"的多。宋人刘挚说:"一为文人,无足观矣。"言虽刻薄,道的却是实情。但要做到坚持己见,谈何容易! 正因为如此,更显出苏轼的可贵。君子"和而不同",这在当今建设和谐社会的进程中,同样是很重要的。

他突出了苏轼的重"情"。父子情,兄弟情,朋友情,夫妻情。他批评了当今的种种"无情"、"不情"。这很有意思。笔者也以为"人情"两字可作试金石,烛照古今中外,洞察世态人心。清人张问陶有诗云"好诗不过近人情",其实好人、好官、好师莫不如此。这是很简单的标尺。一个人的所作所为所言凡近人情的往往是真的,善的,美的;凡不合人情的往往是伪的,恶的,丑的。不爱父母的人,何以爱天下? 连齐家都做不到,何以治国? 苏轼一生不失赤子之心,充满了亲情,友情,爱情,同情。玉峰拈出这一点发挥,我以为非常好。为倡导"和谐"社会,不必用什么深刻的大道理说教,让青少年从小懂人情,惜亲情,肯同情,做人便庶几可矣! 就这一点而言,宣传苏轼的"情",对我们大家都会有启迪作用。

《说苏轼》还有很多与众不同之处。比如谈苏轼被贬黄州,不说他如何受苦,却说他如何自我修炼,脱胎换骨;谈苏轼到惠州,不说他如何遭难,却说他如何善于制酒造屋,享受人生;谈苏轼在海南,也不说他如何食无肉居无所,却说他如何兴办教育,送医送药,为民造福。玉峰将苏轼波澜起伏的人生加以浓缩娓娓道来,有声有色,雅俗共赏。

近年来常有朋友和学生问我对于易中天《品三国》、刘心武《说红楼》、于丹《论语心得》的看法,我没读过他们的作品,很难判断。但我想只要态度真诚,而不要总是以导师自居;只要不故

序：独立而"不随"

意违背事实，为某些成见鼓吹，起"帮忙"、"帮闲"作用；只要坚守道德底线，不宣扬权术、歌颂暴力、不诲盗诲淫，误导人心，不以丑为美颠倒是非，不装点山林逢迎冠盖；那么，正不妨如钱钟书所言："卿用卿法，我行我素"，愿意听的不妨听听，不愿读的也可以不去读。我同意易中天先生的那句话：即便孔子在今天也不会拒绝利用电视的。正如南宋时有人抱怨科举，朱熹却说，"就是孔子生于今天也要参加考试"一样（梁章钜《制艺丛话》），这是时代使然。让青年一代有机会熟悉孔孟，了解李杜、苏辛，宣传"常识"，或与历史某些细节有所出入，其实并不重要。重要的是通过这些节目，真的形成发表不同意见的风气，并促使有些人真的去读一点书，形成一点自己独立的见解，凡事有"不随"的习惯，则真正是"善莫大焉"。

contents 目录

苏轼其人 / 1

天赋人生 / 3

奋发人生 / 13

不羁人生 / 25

坦荡人生 / 37

潇洒人生 / 46

造福人生 / 55

苦难人生 / 64

圆通人生 / 75

悲悯人生 / 88

风光人生 / 94

安详人生 / 106

幽默人生 / 114

慈柔人生 / 124

和美人生 / 131

旷达人生 / 142

美味人生 / 150

歌吟人生 / 159

艺术人生 / 174

智慧人生 / 186

圆满人生 / 197

苏轼名言 / 209

苏轼生平扫描 / 221

苏轼其人

天赋人生

北宋崇宁五年(1106年),一个雷电交加、大雨滂沱的夜晚,树立在北宋首都开封端礼门外一块有几个人高、一人多宽的巨碑被响雷一击为二。第二天,朝堂上惊恐万状,宋徽宗用颤抖的声音问,这到底是怎么回事。宰相蔡京、童贯噤若寒蝉,不出一声。这块碑是宋徽宗亲手誊写刻石的。碑由皇帝亲笔书写,可见碑的意义重大。

那么这块碑到底写了什么内容,为什么要立,又是怎么立起来,怎么会被击碎的?

元祐党人碑

宋徽宗建中靖国元年,公元1101年,从海南岛受命回来的苏轼,在常州去世。第二年政局又发生了变化。担任右相的蔡京上书,把在宋哲宗元祐年间(1086—1093年)反对王安石变法的309人列为奸党,由宋徽宗亲笔御书,并下令在全国各地刻石立碑,并且规定这309个奸党的后代永远不得为官,已经做官的必须罢免。今后皇家子女亦不得与此名单上诸人的后代通婚,已经订婚的要立即取消。他们要把元祐党人世世代代打翻在地

——黄玉峰说苏轼

再踏上一只脚,使他们永世不得翻身。也就是说,他们要把反对党一网打尽,斩尽杀绝,并使他们千年受辱。

可是时隔不久,碑就被雷击碎。蔡京、童贯之流闻讯,仍疯狂地叫嚣:碑可断,碑上人的名字永远磨不掉!但皇帝闻讯,认为是苍天示警,心中恐惧了。他不断自言自语:雷劈碑,不知吉凶如何?

终于,在朝野的一片恐惧声中,皇帝下旨将全国各地的元祐党人碑全部拆毁。

这309人的黑名单上有司马光、文彦博、吕公著,还有范仲淹的儿子范仁纯。而列在黑名单上第一位的就是苏轼。

有趣的是,接下来的100年中,上了碑的人的子孙,都以碑上有自己的祖辈父辈的名字为荣。

而事实上,这些碑上的名字之中,有的并不配享有这种荣耀,因为当时立碑的小人出于私利,把不是元祐党人的仇家的名字也擅自列入。所以,这个309人的黑名单上其实也是鱼龙混杂,好坏兼而有之。

雷电击毁石碑一事,使苏轼身后的名字越来越响。原先政府严禁印行流传苏轼的诗文、手迹,勒令民间销毁,而此刻苏轼的手迹、诗文却突然身价百倍、千倍,禁得愈严的,传得愈多愈快。这也许正是事物发展的辩证法。

随着皇帝给苏轼平反,一项又一项的桂冠又戴到了苏轼的头上,什么太师、文忠公,皇帝也开始收集苏轼的书画诗文。据说,宋孝宗读苏轼文章时热泪盈眶。

有一个记载说,有人甚至用五万钱购买苏轼为人题匾的三个字。有一个叫梁师成的太监,用三十万买下颍州桥上苏轼写的碑,拓了一千张拓片,然后便把碑推到河里隐藏起来,以高价

出卖拓片,大发其财。

当时,北方金朝入侵中原也以苏轼的书法、字画为战利品,与徽钦二帝一起用车运到塞外。

苏轼的弟弟苏辙做外交官出使西夏时,人人都问他哥哥怎样?"谁将家谱流域外,何为逢人问大苏。"谁把我们的家谱拿到外国去的,以至于到了外国,逢人就问苏轼怎么样了。

九百多年来,苏轼诗文书法几乎成为读书人家必藏的珍宝、必学的范本。研究苏轼的人、著作、文章不计其数,历代文人以苏轼为榜样。苏轼的精神影响了一代又一代的文人志士。更值得夸耀的是,2000年,法国举行了世界名人评选活动,评选世界千年英雄人物,评出12个世界伟人。我们的苏轼名列其中。

那么,苏轼到底是怎样一个人?

苏轼素描

我们先看一幅李公麟为苏轼画的像。苏轼,人长得比较高,大概有一米八左右,有人叫他"长公"。他弟弟个子也高,但是偏瘦,苏轼高而结实、健康。当时有人写诗称苏氏兄弟"颀然仲与叔",颀然是形容高高的样子。仲是老二,叔是老三,苏轼原先还有一个哥哥。

苏轼脸形较长。传说中的苏小妹与他开玩笑,说他"去年一滴相思泪,至今流不到腮边"。

他有一双修眉,不浓。

苏轼脸上胡子不多,属于三缕清须一类,他的学生秦观与他开玩笑:君子多乎哉。苏轼马上回敬:小人樊须也。这都是《论语》中的句子,都是谐音。多乎哉,即多胡子。君子多胡子,那么胡子少的苏轼便是小人了。所以,苏轼回敬他,小人才是大胡子呢!樊须原本是孔子的学生,"樊"音同"繁",繁须,就是大胡子。可见秦观是个大胡子。他们师生之间互相调笑,关系是十分随便的。

苏轼穿着也喜欢与众不同,他自己设计了一种帽子,后来人称子瞻帽,高统,像现在的大厨师戴的。

穿衣倒很随便。下放劳动时期,就更是戴着斗笠,披着蓑衣,有时打赤脚,有时穿木屐。据说,当地老百姓看了都哈哈大笑,作为茶余饭后的谈资。好事者还曾为他画了一幅《蓑笠木屐图》,很滑稽的。

他整天乐呵呵的。

苏轼到了老年,越来越慈祥,更有沧桑感,更美了。

公元1037年,农历十二月十九日,在四川眉山的一个小镇上,一个叫毂纱行的街坊,传出了一个男婴嘹亮的啼哭声。人们纷传苏家又添了大胖孙子。传说这一天,眉山周围的草木突然失去了往日郁郁葱葱的光彩,凋谢了。当时,人们觉得莫名其妙,多少年后,等到这个人中了进士乃至这个人去世后,眉山的草木突然又繁茂起来了,人们纷纷议论,说那是因为眉山山川之精华钟于这孩子一身。

这孩子,就是苏轼。当时他还不叫苏东坡,"东坡"是苏轼44岁那年被贬黄州时自己起的号。三年以后母亲又生了一个儿子。在东坡12岁、弟弟9岁那年,父亲苏洵给他们兄弟俩取了名:哥哥名苏轼,字子瞻;弟弟名"苏辙",字子由。这名字是他父亲煞费苦心给他们取的。苏洵即有名的苏老泉。《三字经》里有这样几句话:"苏老泉,二十七,始发奋,读诗书。"后来他们父子三人,成了历史上有名的三苏。在唐宋八大家里,他们一家

就占了三个。在八大家六个宋代名额中,他们家占了一半之多,这不能不说是一个奇迹。

苏老泉曾写过一篇文章叫《名二子说》,对两个儿子的名字进行过解释。父亲非常了解儿子们不同的个性特点。"轼"是车子前的扶手,是车子上的装饰物,父亲发现大儿子性格外向,处处好表现自己,希望他能有所掩饰,不要太外露,留给世人一个美好的形象;"子瞻",则是要他能站得高,看得远,洞察万物,不要在乎一时一地的得失。"辙"是行车时在地上留下的车轮印子,小儿子性格内向,往往不起眼,起名辙,一方面是对他的肯定,另一方面也是希望他顺应自然,万事由天;"子由"的"由"的意思也正是如此。

关于苏轼的成才,除天分特高之外,我以为有两个原因。

首先,当时社会风气重视文化。宋朝对文人是非常看重的。文人的待遇很高。宋真宗为了鼓励读书,亲自写了《劝学诗》:

富家不用买良田,书中自有千钟粟。安居不用架高楼,书中自有黄金屋。娶妻莫恨无良媒,书中自有颜如玉。出门莫恨无人随,书中车马多如簇。男儿欲遂平生志,五经勤向窗前读。

当时还有人编了《神童诗》:

"天子重英豪,文章教尔曹,万般皆下品,唯有读书高";"朝为田舍郎,暮登天子堂,满朝朱紫贵,尽是读书人";"将相本无种,男儿当自强"。

另外一个原因是家庭的氛围。苏轼、苏辙出身于一个"门前万竿竹,堂上四库书"的书香门第。祖父苏序是个读书人,但不热衷功名,也不去参加科考。他是个乐善好施、十分豪爽正直的人,不管穷人富人,都一样看待,他常常把家里的米换成谷子,这样可以存放多年,他修了个很大的贮粮库,足足可放三五千石,到了荒年就开仓散谷。为了帮助别人,他愿意倾其所有,乡里人没有不夸他的。爷爷的个性,后来对苏轼产生了很大影响。苏序有三个儿子:苏澹、苏涣、苏洵。大儿子早逝,二儿子中了进士。

苏洵少年时代不愿照科举的要求苦读,喜欢看杂书,喜欢在外游学,结识名士高人,了解社会,贪恋河山风光。很奇怪,祖父苏序却对他很放心,别人劝他管管孩子,他总是说,这孩子将来会用功,会出息的。

当苏洵的两个儿子出生后,苏洵也许是感到责任重大,开始闭门苦读了。

苏轼8岁进当时地方上办的一所乡塾读书,学校设在眉山天庆观中,老师是个道士,姓张,叫张易简,由他一个人教,在一百个左右的学生中,苏轼总是名列前茅。他在那里读了三年。不久,当地又请来一位叫刘巨的知名学者任教。

可是,有一件偶然的事,居然让这位刘老师说出这样的话:我没水平教你了。

事情是这样的。有一次,刘老师作了一首《鹭鸶诗》,非常得意,便在课堂上朗诵,当他念到最后一句"渔人忽惊起,雪片逐风斜"时,小苏轼忍不住插嘴了,说:"老师,你的诗写得好是好,只是最后一句好像没有归宿,鹭鸶飞起来了,又怎么样呢?"

老师问:"那么,你说怎么样?"

"不如改为'渔人忽惊起,雪片落蒹葭'。"

这件事,弄得老师很尴尬。但又不得不佩服这孩子的灵气和才气。他叹口气说:看来,我不能做你的老师啦。

苏轼的母亲程氏,是个大家闺秀,也是读书人家,比苏家门第还要高。程氏是个很贤惠的人,知书达理。有一次,她教小苏轼《汉书·范滂传》,范滂是汉朝的一个名臣,因为坚持说真话,与奸臣斗,被陷害。当范滂与母诀别时,对母亲说:"我对不起您的养育之恩,希望您不要难过。弟弟很孝顺,会供养你的,我现在为了正义去死没什么遗憾的。"范滂母亲听了说:"你现在为百姓而死,与那些忠臣齐名,死了有什么遗憾!既想要美名,又想要长寿,怎么可能呢?"

紧接着范滂的母亲说了一句很深刻但是又很难懂的话:

吾欲使汝为恶,则恶不可为;使汝为善,则我不为恶。

这话什么意思?这是范滂的母亲在发怨言:如果我要教育你如何做坏事,可是坏事是不能教你做的!如果我叫你做好事,可是做好事却得到如此下场,(这岂不是做了害你的"坏事"!)我才不做这种"坏事"呢。

当时听到的人,都流下了眼泪。

小苏轼读到此深深地被感动了,问母亲,如果我是范滂,母亲你愿不愿意?母亲回答说:你能为范滂,我难道不能做范滂的母亲吗?

这件事对苏轼印象很深,也使他母亲很高兴,对别人说:"吾有子矣!"

苏轼10岁那年,父亲苏洵游学回来,就开始亲自教他兄弟俩了,父亲对他们十分严厉,大概因为自己没有中举,把希望寄托在儿子身上。

苏轼到老年时在海南岛，曾做过一个梦。梦见父亲在叫他背书。他一口气把一篇很长很长的文章都背了下来。

五十年前读的书，还能在梦中背出来，可见当时教学对他影响有多深有多大。

他醒来作《夜梦诗》："父师检责惊走书，坐起犹如挂钩鱼。"可见苏洵教子之严。

当时，父亲还出了个题目：《夏侯太初论》。要苏轼作文。夏侯太初，名玄。三国魏时人，因反对司马氏专政，被司马昭所杀。苏轼在文中有这样的句子："人能碎千金之璧，不能无失声于破釜；能搏猛虎，不能无变色于蜂虿。"就是说，一个人再大胆，如果没有定力，也会被突如其来的变故惊得不知所措。要做到"猝然临之而不惊，无故加之而不怒"，实在是不容易的。

当时父亲大为惊讶，预料到这孩子将来一定会超过自己。

后来苏轼把这些句子写入《黠鼠赋》等文章中。那是一篇很有趣的文章，说一只小老鼠，怎么通过装死，欺骗了苏轼和他的书童，最后获救的故事。他的结论是，不要认为只有"人"才是最聪明的，不要认为只有"人"才是世界的主宰。这篇少年时代的文章隐约透露出他已经有了众生平等的观念。

说到这里，我们不妨插一句，从苏轼成功的事例中，我们可以看出，语文学习，最好趁小时候记忆力最强的时候，背诵古代的名篇名作，在背诵过程中，把读音、词汇、语法、语言、典故，直至思想内容都记住，都储存在脑子中了，将来会有大用。这不但能传承前人的文化，而且是做思维体操的好方法。

这个方法和犹太人学母语的方法不谋而合，犹太人主张儿童要下"生吞之功"，"不懂不要紧，先吞下去就是了，将来有了社

会经历,慢慢会懂的。这些记住的东西,将来一开窍,将是巨大的精神财富"。

背诵是我国学习母语、提高记忆力、积累文化知识最简捷的方法,过去笼统地称之为死记硬背,是不对的。"死去才能活来",这是一种童子功,现在"死"记的东西,将来会"活"起来的,将一辈子受用无穷。如果现在就想"活",空想创新,而不注重打基础,那么将来就是腹中空空如也。

苏轼后来在总结儿童时代背诵的好处时,说了一句很有名的话:"腹有诗书气自华。"

其实,懂与不懂是相对的,孩子也能理解很多道理。

伯父苏涣对苏轼兄弟的影响也不小。东坡12岁那年,祖父去世,伯父回家奔丧,苏轼兄弟第一次见到了在外做官的伯父。伯父也很关心他们的学习,对他们说,自己并不很聪明,但很刻苦。每天给自己规定任务,不完成,不停止。你们才不及人,能学我那样,也能成功。

这话深深地刻在两个孩子的心中。

苏轼曾写诗回顾自己的学习情况:

我昔居家断还往,著述不暇窥园葵。

为了学习,几乎与外界断了往来。窥园是董仲舒的典故"三年不窥园",三年不向园子看一眼。

我时年尚幼,作赋慕相如。

从小就立志,写文章要像司马相如。

四川这个地方很特别,虽然因为"蜀道之难,难于上青天",较少战事,比较太平,似乎与外界联系不容易,但就是有很多文人学士涌入。特别是唐玄宗避难时,大批文人涌入四川,给四川带来当时超一流的最有水平的文人。比如李白、杜甫都曾在那儿生活过很长时间。在这之前,司马相如是四川人,扬雄也是四川人。

而且,四川人爱好议论国事。

还有一件事对少年的苏轼影响很大。

苏轼小时候就听大人谈范仲淹、欧阳修等庆历改革的文章。他问老师,范仲淹、欧阳修是什么人?老师说,小孩子不懂。苏轼说,如果他们是神人,我不懂;如果他们是凡人,我有什么不懂的。老师见他心气很高,就与他细细地解释庆历改革的情况,苏轼深深地佩服这些人,从此立下志向,要像范仲淹那样,"先天下之忧而忧,后天下之乐而乐"。

可惜待到他进京时,范仲淹已经去世了。

小小的苏轼就在这样丰富肥沃的文化土壤中成长起来,加上他的特殊天赋,一片光明的前景在他眼前展现。

看来,人的成长离不开三个条件:天赋、教育和努力、环境。小苏轼完全具备了这三个条件。

那么,苏轼是不是像他老乡李白那样没有去参加科举呢?是不是像在四川呆了好多年的杜甫,屡试不中要靠别人推荐呢?

奋发人生

宋仁宗嘉祐二年(1057年),苏氏兄弟赴京赶考。他们的文章,不仅受到主考官欧阳修的赞赏,还惊动了宋仁宗。苏氏兄弟双双中了进士,开始步入政坛。

欧阳修的奖掖

欧阳修是大家熟知的可爱的老头,他写的《醉翁亭记》脍炙人口:"环滁皆山也,其西南诸峰,林壑尤美,望之蔚然而深秀者,琅琊也。……"一直到最后"醉能同其乐,醒能述其文者,太守也。太守谓谁,庐陵欧阳修也",一口气用了二十一个"也",每一句一个"也"字,还一口气用了二十四个"而"字,成为历代传颂的奇文。

他自号六一居士:一壶酒,一张琴,一卷书,一盘棋,一支笔,还有他一个老头,于是就叫六一居士。

苏氏兄弟参加的这次科举考试,主考官是欧阳修,副考官是梅尧臣。两个都是大诗人。

当时的学风还是华丽空洞的多,为了改变学风文风,欧阳修一再对阅卷的官员讲,要注意不要把说真话、抒真情、文风朴素的好文章漏过。经过几个月的辛苦,卷子已基本批完,欧阳修还是不放心,就请梅尧臣到落选的文章中去看一看有没有被"枪毙"的好文章。梅尧臣一篇一篇翻过去,突然一篇文章跳进他的眼睛。他眼前一亮,拿起来再读一遍,不禁拍案叫绝。怎么,这样的文章会扔掉?

阅卷时,批卷子的人很重要,现在也是如此,某一时期阅卷,总有某一种倾向,而且会根据不同批改者个人喜好而改变。

极其兴奋的梅尧臣马上奔到欧阳修处,把文章给他看,欧阳修一读果然是好文章,越看越兴奋,越看越高兴,最后"不觉汗出",不禁高兴得叫了起来:"快哉!快哉!老夫当避此人,放出一头地。"回到家里又对儿子说:三十年后将再没人提欧阳修了。

那么,这张卷子到底是谁的呢?就是鼎鼎大名的唐宋八大家之首苏轼的文章。这篇文章的题目叫《刑赏忠厚之至论》,在文章中,苏轼引用《尚书》"罪疑维轻,功疑维重,与其杀不辜,宁失不经"的话,指出"可以赏,可以无赏,赏之过乎仁;可以罚,可以无罚,罚之过乎义。过乎仁,不失为君子。过乎义,则流而入于忍人。故仁可过也,义不可过也"。他提出,对一个罪犯,如果案子有疑问,就要从宽、从无;对一个立功者的奖励,如果情况不明白,那就要从有。所谓"罚疑则从无,赏疑则从有"。这个思想似乎符合现代判案,现代法律的原则是,没有定罪前,作为嫌疑人,不能算罪犯。我们是到近几年才有"犯罪嫌疑人"这个名称的,比苏轼迟了整整九百多年。那么这篇文章为什么会受到欧阳修如此的夸奖呢?主要是如上所说,这篇文章观点很新,很独特,很大胆,但又很中肯。

不过,欧阳修对文章里面的一个典故不熟悉。文章为了论

证"慎刑",用了唐尧的一个典故,说:

> 当尧之时,皋陶为士,将杀人,皋陶曰"杀之",三;尧曰"宥之",三。

意思是:唐尧的时代,皋陶要杀人,连说了三次,表示坚持要杀;可尧主张不杀,也连说了三次。欧阳修想不起来这个典故是出在哪里。

于是,欧阳修找了个机会把苏轼叫到办公地点,问他这个典故出在哪本书上。苏东坡回答得很爽快,说:是我编造的。

是你编造的?欧阳修大吃一惊。

是啊!苏轼说三国时孔融对曹操说,周武王曾经把妲己赐给周公。曹操问他有什么出典。

孔融说,今天你把袁绍的媳妇赐给了你的儿子,想来当年武王也会这么做。

苏轼接着说,难道我不能这样做吗?

欧阳修听了大惊,眼前的这个青年,不但知识丰富,文笔极佳,而且能如此活用知识,将来一定是个非凡之人。

话说回来,我们现在可以说,当时苏轼是碰到欧阳修这个好玩的老头,如果碰上一个死板的老师,比如是一本正经、道貌岸然的,提倡"存天理,灭人欲"的程颐、朱熹之流;或者是司马光、王安石之辈,那一定是倒霉了,你怎么可以编造论据呢?就连我们今天写高考作文也不能胡乱编造。可见欧阳修这老头,多么开放,多么宽容!

从这件事中,我们也可以看出,苏轼这个人是不大安分,不大守规矩的,将来受挫折,也不是偶然的。因为世界上像欧阳修这样的领导少,照章办事、古板僵化的领导多。你看他如此游戏人生，比高考还要重要的、决定一个人一生命运的事，他居然也敢开玩笑，还用说其他吗？

欧阳修看重这篇文章还有一个更重要的原因，是因为当时的文风还承袭六朝的余波，重雕饰、重华丽、重词藻，没有实在的内容。对此，欧阳修特别反感，他决心继承唐朝的韩愈、柳宗元，发起一个古文运动，把这种只重形式、不重内容、雕章琢句、只说空话假话的华丽文风改一改。但是阻力相当大，大家已习惯了那样的文风，一下子要改变也难。现在正好利用科举考评的机会，力挽狂澜，改变文风。而苏轼的文章朴实流转、内容充实、观点新颖、简明畅达，正好与欧阳修所提倡的文学主张不谋而合，所以一下子引起了欧阳修的注意。

一开始欧阳修怀疑这篇文章是他的学生曾巩写的，为了避开嫌疑，他给这张卷子打了个第二名。当发榜时一查原稿，发现原来上面写的名字是苏轼，才悔之不及。这一年，苏轼的弟弟苏辙、曾巩都中了进士。

但后来紧接着的几场考试，苏轼都是第一名。这里要说明，科举考试并不是考一篇文章，它是一个很复杂的过程，考策、考论、考诗赋，在礼部考，到金殿考。真是要身经百战，光考策论，就要写五十篇文章：策二十五篇，论二十五篇。没有真才实学要进入仕途也确实不容易。现在我们媒体上经常说某某人理科状元，某某人文科状元，不过是借用名次罢了，科举三年一考，全国只有一人第一名，哪里来这么多状元？

欧阳修以自己偏好的标准去录取考生，在发榜时，引起了一场风波，很多没录取的考生在发榜时闹事。他们把欧阳修的名字写在牌位上，扔到他家里，或当众烧毁。弄得这位"六一居士"很狼狈。

不过,用考试来改变文风这一手,到底有效果,指挥棒到底有作用,上有所好,下必甚焉;楚王爱细腰,宫女多饿死。果然,闹事归闹事,以后考生们就不敢写那种浮华的文章了。

当代教学上的问题也不小,从考试内容入手改,那是最有力的指挥棒。

苏氏两兄弟的文章,不但感染了欧阳修,也惊动了皇帝宋仁宗,仁宗高兴得直奔后宫,对皇后说:今天,我为子孙准备了两个宰相。

所以,以后有一场考试,因为苏轼的弟弟苏辙生了病,不能参加考试,皇帝居然为他一个人推迟考期二十天,等他病好了再开考,他说如果苏家兄弟缺席考试是个遗憾。你看这个面子大不大!

由此可见,苏氏二兄弟简直在京城、在朝廷刮起了一股旋风。

苏东坡的父亲苏洵,没有参加这次考试,他已经五十多岁了,不愿意挤在这些后生子辈的青年学子中,去接受这种车轮大战式的考试。他自尊心很强,过去曾屡次落榜,现在他决定不考了。(当时像他这样年龄考的人不少)不过他的文章写得好,有见解,他的目光特别犀利,文笔极其老辣。他写的《六国论》、《辩奸论》纵横捭阖,有先秦诸子的文风。当他听到两个儿子双双中了进士而且名列前茅时,别人问他考进士难不难,他写了这样有趣的句子回答别人:

莫道登科易,老夫如登山;莫道登科难,小儿如拾芥。

你说考试易,那么对我来说像登山;你说考试难,那么对我

的儿子来说,就如同到地上拾一颗菜籽那么容易。

他倒是有自知之明的。

丁忧还乡

兄弟俩既然中了进士,那就得做官了。

但是很不幸,就在这一年四月八日,苏氏兄弟的母亲程夫人染病去世了,享年48岁。她虽然贤惠,但一直以来精神压力很大。丈夫屡试不中,女儿早逝,娘家断交,打击一个接一个。终于没有得到儿子出息的消息就郁郁而终。

得到噩耗,父子三人便急急地赶回家。

这叫丁忧。过去传统社会有一个制度,父母死了,必须在灵前守孝二十七个月,也就是两年零三个月,笼统地说是三年,不管是谁,不管地位多高,都要丁忧。

父子三人,是嘉祐二年(1057年)五月底得到消息的,六月出发,到家乡眉山已是三个月之后了。苏老泉写了《祭亡妻文》:

呜呼!与子相好,相期百年,不知中道,其我而先。……归来空堂,哭不见人。……嗟余老矣,四海一身……

过去我们总是把封建制度礼教说得很可怕,一棍子打死,我个人认为丁忧这个制度也有好处,把孝看得很重,对孩子也是一个调节,还可以利用这个时间充电。当然不一定需要二十七个月那么长。

父子三人直到嘉祐四年(1059年)九月才离开家乡。这次

他们是从水路走的,经过三峡,到湖北,然后上岸,再走陆路到开封。他们一路上欣赏两岸奇异的风光,每到一个名胜就上岸寻访。一路上父子三人互相对诗,写了近百首诗,后来编成了一个诗集,叫《南行集》,这是苏氏兄弟最早的词集。

故乡飘已远,往意浩无边。《初发嘉州》

第二年二月,他们一家到了京城开封,租下了一间房子。

要做官还要经过考核。考核身、言、书、判。

身,看你的体貌如何,是猥猥琐琐的还是堂堂正正的(考你的形象)。

言,看你的谈吐如何,是侃侃而谈的还是语无伦次的(考你的口才谈吐)。

书,看你的字写得如何,是挺劲工整的还是松散无力的(考你有没有艺术天赋,审美眼光)。

判,看你的判词写得如何,是文理清晰的还是杂乱无章的(考你的逻辑思维)。

这等于是现在的面试。

宋朝时这种取士方法还是比较科学合理的。似乎比我们的一考定终生,更合理些。

这些考试,苏家两兄弟自然全部合格,全部通过。

初入仕途

不久苏轼被派到陕西凤翔做通判。通判是州里的副职,等于是副市长,协助太守管理地方,所有文件也要通判签字才生效,这是宋朝行政制度中突出的一个职务,一面用来制约地方官的权力(这一点又不同于现在的副市长),一面让新做官的都要到基层去锻炼锻炼,以便将来独当一面。

苏轼的弟弟苏辙没有接受外放的职务,因为他要陪父亲。等三年后他哥哥回到京师,他才外放到大名府去任职。这是兄弟俩第一次分开,恋恋不舍。写诗:

亦知人生要有别,但恐岁月去飘忽。寒灯相对记畴昔,夜雨何时听萧瑟。(他们回忆起当年在灯下读书听着窗外的冷雨,相约早点退休,再在一起读书,生活)

苏轼来到凤翔做通判。凤翔是一座文化古城,几乎每块石头都有一段历史、一个故事。苏轼在那儿如鱼得水,常常寻访古迹,所得颇丰。写了有名的《凤翔八观》诗。

苏轼在凤翔有两件事值得一提。

一件是当年天大旱,他带了老百姓求雨,写了祭文,念念有词,后来居然大雨倾盆,他便建了亭,写了《喜雨亭记》。写了雨对百姓和国家的重要:"'五日不雨,可乎?'曰:'五日不雨,则无麦。''十日不雨,可乎?'曰:'十日不雨,则无禾。'无麦无禾,岁且荐饥,狱讼繁兴……则吾与二三子,虽欲优游以乐于此亭,其可得邪?"并感谢老天的恩赐。

还有一件是他提了一个合理化建议,减轻了农民的负担。事情是这样的:

当时北宋的差役很多,其中有一种叫"衙前"。凤翔一带每年要砍伐上好竹木,然后编成竹筏、木筏,从渭河入黄河,给京城开封送去。官府考虑借大水之力好放筏,所以规定每年衙前运竹木的时间,恰巧就在渭水、黄河涨水期间,谁如果不在规定时间运到就要受罚。但是,正因为河水暴涨,经常发生竹木筏颠覆

事故,衙前水工被淹死无数,而且造成的损失还要由他们来赔偿。每年因此而导致许多服役百姓家破人亡,倾家荡产。

苏轼了解情况后十分痛心,认为如果服役的人根据水情变化以及自己的情况,选择运送竹木筏的时间,损失就会小得多。为什么非得在河水暴涨的时候运送呢?于是他建议修订衙规,准许衙前之役可"自择水工,以时进止"。搞了一点小小的自由化,结果大大方便了农民,实施之后,取得了"衙前之害减半"的效果,受到凤翔官民称赞,他的改革也得到了朝廷的默许。

在凤翔府工作的三年间,他还呼吁"以官榷与民",政府不要夺民之利,要把一直由政府垄断经营(即所谓"官榷")的茶、盐、酒、矾(一种印染原料)等货物放开,等于现在开放自由市场,准许民众经营,搞活民间商贸流通和经济。这件事最终虽无明确的结果,但苏轼为民着想之心是十分可贵的。

从这些事中已可看出,初试锋芒的苏学子已透露出他的行政才干,他反对繁文缛节,讲究实效,比较具备自由的精神。

最让凤翔人感激不尽的,是他呼吁免除老百姓欠官府的不合理债务。

当时,凤翔府有很多人由于欠官府的债务而被关押,而苏轼当时的主要工作就是负责催理民欠官的债务。他说,每天用关押、鞭挞等刑罚来催逼欠债之民,不仅让自己心里难受,而且收回的银子也极少。如果那些人确实是强横霸道欠债逾期不还,对其施以刑罚,心里还好受些。但是,这些人欠的大多是"冤枉钱"啊:押送竹木,被风浪颠覆要赔;保管粮食布匹,霉烂损耗要赔。这些损失并非全是当事人的责任造成,何况他们确实也无钱来赔,久而久之成了积欠。朝廷其实也是知道这些情形的,也常常下旨赦免部分债务。但是,那时没有报纸、电视、广播等媒体，政策没有透明度，朝廷赦免债务的政策到了地方上就走样——地方官府为了刮取更多银子巴结上司，就继续向欠户催讨。

为此，苏轼在奏折《上蔡省主论放欠书》中气愤地说："天下之人以为言出而莫敢逆者，莫若天子之诏书也。今诏书且已许之，而三司之曹吏独不许，是犹可忍也？"意思是：天下的老百姓认为地方官员是不敢违背朝廷指示的，但是今天朝廷都已下诏免除积欠，惟独他们不许可，这种行为能够容忍吗？他是借朝廷的明文为百姓说话。

他要求将老百姓欠的不合理债务一律免除，并把那些被官府关押起来的欠钱的人都放回去，让他们能过上安居乐业的生活。

你看这要多大的勇气！

凤翔知府名叫陈公弼。看到苏轼少年得志，处事大胆狂妄，觉得要压一压他的锐气，便处处与苏东坡为难：苏轼起草的文件，他总是挑病，一次一次地要求改。这很伤苏轼的自尊，往往和他顶着干。陈公弼喜欢搞形式主义，逢年过节就搞一些仪式。有一次，苏轼借故不参加，一个人跑到庙里去看古董了。看《石鼓文》，写了《石鼓歌》。结果被知府处分，罚铜八斤。别小看这件事，这件事后来也成为别人陷害苏轼的一个罪状。说他一开始做官就不安分守己。

不过，后来这种关系不知为什么也有了改变。一次陈公弼在家里建了一个亭台，叫"凌虚台"，要立一块碑，指名要苏轼写碑文《凌虚台记》。你想一个青年学子，第一次写碑文，那种兴奋心情可想而知。

一般说来，为一个亭台写碑文，总要说些吉利的好话，可是

苏轼恰恰说些不吉利的大实话。他先说,站在这个台上,可以向北望,向东望,向西望,向南望,可是望到什么呢?那一片片的荒野上,这儿曾经也有古代君王建的亭台楼阁,可现在到哪里去了呢?不是都倒了,成了瓦砾场,有的连瓦砾场的踪影也不见了。所以,我们可以想象若干年以后,这座新建的凌虚台也将荡然无存。

> 物之废兴成毁,不可得而知也。昔者荒草野田,霜露之所蒙翳,狐虺之所窜伏,方是时,岂知有凌虚台邪?废兴成毁相寻于无穷,则台之复为荒草野田,皆不可知也。

这碑文不仅在说陈公弼的坏话,在教训太守,还说不吉利的话,说这台迟早也会倒掉的。苏轼本来想开个玩笑,出口气,他想看了这样的碑文,陈知府一定要大发雷霆,喝命重写,或者大改特改。没有料到,陈知府却一个字不改,照原文刻到碑面上。

若干年后,陈公弼去世,他的儿子陈慥要苏轼写墓志铭,苏轼在铭文中深悔自己少年不懂事,太骄傲,不理解长者的用意。陈慥也因此成了苏东坡的莫逆之交。

最后,讲一件孝敬父亲的事。长安有座藏经龛,唐明皇所建,四面各有一门,门板两面是吴道子所画佛像的真迹。后因战乱,藏经龛被焚毁,有个和尚知道它的价值,冒着生命危险去抢救,歹人追来,他拼命逃命,半路上精疲力竭,就在门板上穿了个洞,套在头上,终于抢救出来。这幅画后辗转到凤翔,已经过了一百八十年。苏轼知父亲平素无嗜好,惟好收藏书画古物,至今父亲还没有一件吴道子的真迹。于是他花了十万钱——他一年多的收入——为父亲买了吴道子的这个佛像真迹。吴道子的画，如果留到今天，那就不是十万钱，而是价值连城了。

就这样，苏轼初出茅庐，就已显示出他各方面的杰出才能、大慈大悲的民本主义思想的基本特征和孝敬长辈、爱护幼小的慈柔情怀。明天的苏轼，将在各方面不断升华，经过顺境与逆境的历练，最终成为中国历史上真正的文化伟人！

不羁人生

宋神宗熙宁二年(1069年),苏轼埋葬了父亲和发妻王弗,结束了丁忧,带着新婚的妻子和弟弟同返京师。这一年正是王安石开始新政,掀起了以王氏变法为政治风景的全面改革。

苏氏兄弟一回到京城就被卷入了一场长达八年之久的"朋党之争"的风暴中。

王安石新政

王安石新政,简单地说是有感于国力薄弱、国库空虚,想通过改革增加国库收入,增强国力。应该说,出发点、动机是不错的。王安石变法主要从经济上考虑,也涉及其他方面。比如科举制度,他取消了考诗赋的内容,主张只考有用的策论、政治论文和经济论文。就好比说现在只考数理化,说数理化是有用的,"学好数理化,走遍天下都不怕",语文、历史之类是无用的,诗歌、音乐、美术更是多余的。但这些改革受到了以司马光为首的老臣反对,几乎到了水火不相容的地步,但还没有到你死我活的程度。

王安石做了副宰相后,鼓动年轻有为的神宗皇帝进行大刀阔斧的改革,颁布了一连串的改革法令。

青苗法:政府在农民青黄不接时向他们贷款,类似于后代的农业信用社,现代银行的雏形;

免役法:交税代兵役,不必征兵的人家也要交税;

均输法:统一上供财物的定额;

方田均税法:重新丈量土地,以便收税;

农田水利法:鼓励农民兴修水利,给以贷款;

保甲法:十户一小保,五十户一大保,十大保为一都保;

还有市易法、将兵法等。

应该说,王安石的这些措施,主观目的是为了替国家增加财政收入,强国。当时宋代是中国历史上文化最发达的时期,但又是国力最弱的朝代。过去有句话叫唐乌龟宋鼻涕。唐代宫廷伦理关系很混乱,而宋朝国力太弱,就像鼻涕那样软弱,提也提不起来。你想,北方大片土地被契丹、西夏占去了,这种耻辱的阴影始终笼罩在皇帝、大臣的头上。

应该说王安石变法运动的指导思想和经济措施都相当超前,只是难以适应当时整个社会的主导经济还是自然经济型的农业这一现实。当然,也不是说超前就不好,工商经济同样需要政策的引导,假如新法能够贯彻下去,也许工商业就会被扶持起来,从而带动整个社会经济的商品化,最终完成社会形态的转换。

可是,任何好东西要与时代相吻合,离开了特定条件,无所谓好坏。超前了,也就不好了。

王安石的这个雷厉风行的改革风暴,引起了朝廷的震动,特别是原来一些大官老臣一致反对。神宗、王安石不顾一切,谁反对就罢免谁,所以连司马光这样的德高望重的重臣也不得不避

开,回乡去编他的《资治通鉴》。

苏轼看新政

苏轼和他弟弟苏辙原先也是提倡改革的,他们看到国力的积贫积弱,看到社会上安于奢靡,不思进取。于是写改革文章和奏疏,"奋厉有当世志",有的观点也许比王安石还要激烈,弟弟的态度又比他哥哥还要强烈。

但当王安石改革措施出台后,苏轼便发觉这个改革太激烈、太急躁、太过头了,不合实际,对百姓不利,于是不顾个人安危起来反对。加上与司马光等人比较接近等原因,苏轼渐渐站到了王的对立面。

王安石本来想把苏氏两兄弟拉进改革班子,事实上苏辙已经进了改革班子,这是临时设立的班子,叫三司条例司。他要改革,老臣们反对,就只能依靠新人,便让大批年轻人升官,占了要害位子,推行他的改革。

但苏轼不买这个账,苏轼有他的主张,他说:"孟子有言:'其进锐者其退速',若有始有卒,自可徐徐,十年之后何事不立。"他不是完全反对那些措施,只是说不能操之过急。孔子曰:"欲速则不达,见小利则大事不成。"

他向皇帝建议,不要太重财政,不要与百姓争利,他用九个字概括了自己的方针:"结人心,厚风俗,存纪纲",关键是要关心老百姓的生活,重视精神文明建设。事实证明,苏轼的意见是很有见地的。

由于苏轼的文章写得又快又好,很自然成了反对派的干将,看看他给皇帝的折:

——黄玉峰说苏轼

> 百姓足,君孰与不足?……臣不知陛下所谓富者,富民欤?抑富国欤?……

百姓如果富足了国家怎么会不富足?现在,陛下您所说的富足到底是使老百姓富还是使国家富?在当时条件下,他能够把国与民区分开来,真可谓是思想超前。他敢直接责问皇帝,真可谓是胆大包天!

> 今陛下无使农民养息而与商贾争利,岂理他哉?……

今天陛下您不使农民休养生息,而去与商人争利益,这还有什么道理可说?

> 今青苗有二分之息,而不谓之放债取利可乎!……今天下以为利,陛下以为义,天下以为贪,陛下以为廉。

陛下您完全站在百姓的对立面了。
当王安石要废科举,改变学制时,苏轼更是无法容忍地怒吼,"宁为玉碎不求瓦全",立即上万言书,书曰:

> 予临兆民,凛乎若朽索之驭六马,"言天下莫危于人主也,聚则为君民,散则为仇雠,聚散之间,不容毫厘,故天下归往谓之王,人各有心谓之独夫,由此观之,人主之所恃者,人心而已"。

他把皇上比作驾马车的车夫,而驭马的缰绳已快断了,他把

皇帝说成独夫,失了人心。这实在是够大胆的。古人中,有谁敢这样对皇帝说话的?就是在今天,也很难设想,可以这样对上级大骂,说是独夫,说是背人心。

他继续说,人心之于人主,有如树之有根,灯之有油,鱼之有水,农夫之有田,商人之有财。树没有根就枯,灯没有油就灭,鱼没有水就死,农夫没有田就饿肚子,商人没有钱就贫,人主失人心就灭亡。

然而,神宗皇帝看了却没有生气,反而心有所动,召见苏轼,苏轼受到鼓舞,就更不客气了,他当皇帝面说:

> 陛下生知之性,无纵文武,不患不明,不患不勤,不患不断,但患求治太急,听言太广,进人太锐。

他劝皇上改革要"徐徐而来"慢慢做。此刻皇上也悚然动容,心里开始动摇,当时正好要开万灯节,朝廷向老百姓贱价收购灯,他又上书指出,说这是欺压百姓,要皇帝收回成命,结果皇帝真的接受了他的建议。

他感到更有责任出来说话了。

最后,他竟敢说出:孔子说,苛政猛于虎,如今全国已有二十万虎狼在横行了。

真是敢捋虎须,敢摸龙鳞了。

这样一来,苏轼与王安石的关系就发展为完全对立的。王安石想你小子不但不支持我,还要和我作对,反对我的政治路线、经济政策。当时苏轼已经影响很大了,而且文章一写出就立刻传开,对王安石很不利。所以王安石把苏轼看作眼中钉,非拔掉不可。于是决定把他外放,教训教训他,让他到地方上去实践实践。正好当时他手下有个亲信,叫谢温彦,捏造谣言,向王安石反映,说苏东坡在送父亲灵柩回四川时,顺便带了货物进行贩卖,还超规格动用了国家工作人员。后来虽查无实据,但也给了苏轼一个打击。

起先是想把他搞到穷乡僻壤做官,而神宗毕竟喜欢苏轼,于是先把他贬出京师,到杭州做通判去了。

王安石变法,本质上是为了增强国力,为此他敢于得罪巨室,得罪既得利益的官僚阶层,但同时,他也不惜剥削广大穷苦百姓。王安石对皇帝说:流俗太重,那么天下之人归于流俗;陛下权重,那么天下之人归于陛下。

而苏轼却是这样对皇帝说:要先富民,后强国;要安万民,厚货财,省费用;要节用以廉取,减冗兵、少冗费、轻征敛。

国与民存在着矛盾,这是一个不争的事实。苏东坡早在900年前就意识到了。

与此同时,司马光等人削职的削职,罢官的罢官,有的下狱治罪,有的流放。

司马光则回到家里,不问政治,专心致志地去编历史,以等待时机。果然王安石的变法终于因种种原因而失败。到了宋哲宗元祐元年(1086年),司马光重新上台做了宰相。

司马光把当年反对王安石的人都召了回来,安排到重要的位置上,其中包括苏轼。

与司马光的矛盾

苏轼被贬到了地方上以后,发现王安石的新政也不是一点没道理,并非像他原来想象的那么可怕,而有些确实对百姓有

利,于是他也渐渐改变了一些看法。

司马光执政后,全面推翻新政,推翻王安石所有的改革措施。把支持新法的人全部罢官,重新启用旧党人员。这时他首先想到苏轼,他想苏轼真是条汉子,当年他斗争最坚决,当时别人不讲他敢讲,别人不拼他敢拼,文章又写得棒,被迫害也最严重,这回我上台,一定要提拔他做助手。所以苏轼理所当然地排在被召回提升之列。这就叫一朝天子一朝臣。

于是苏轼连连高升。

司马光这些旧党一执政就做了三件事:一、展开关于新法利弊的大讨论,其实是早就定了调子的,把所有的新法全部废除;二、尽废新党,把过去王安石提拔的新人全部赶出朝廷;三、招回过去反对王安石的老臣。

谁知苏轼到了朝廷又对司马光提出批评,说新法也不是全部不对,他在实践中发现新法有合理的部分,也不是全部不好。有些要废除,有些要改进,有些要保存,总之不能全部废除。还说王安石和下面人也不见得全不好,不能全罢官。他痛感司马光"专欲变熙宁之法,不复较量利害,参用所长"。为此,他和司马光在朝廷上争了起来,气得司马光几乎说不出话。

苏轼也激动得无法控制,一回到家就大骂,"这个司马牛,司马牛"。

这样,苏轼又得罪了旧党,不久又渐渐被排挤出朝廷。

所以,苏轼实际上是两面都得罪了。

苏轼如果是一个图显贵、不计品节的小人,当年对王安石稍表示赞同,就可青云直上。如果他是个只计个人安危、明哲保身的人,一声不吭,顺水推舟,只要不反对新政,也必然平安无事,这样的官当时确实很多。反过来,到了司马光当政,这样好的机会,你苏轼也只要顺着司马光,那么加上皇太后的宠幸,做宰相握大权,不是没有可能的。何况司马光只当政了十个月,便因积劳成疾而去世了。

可是苏轼就是不肯忍一下,就是要发表自己的独立观点,不论对他的前途有没有利。

"不随"之性格

其实,虽然苏轼文章很有气势,但他是不喜欢偏激的,他不喜欢偏执。在日常生活中如此,在政治上也如此。他到晚年,特别喜欢陶渊明的诗。把每一首陶渊明的诗都"和"了一遍,有的还"和"几首,其中有一首《和陶咏三良》很能表现苏轼的思想:

三良的故事,是讲春秋时秦穆公,一天与群臣欢饮,酒酣时说:"生当此乐,死当此哀。"当时三个贤良臣子——子车氏的三子奄息、仲行、铖虎允诺穆公死即陪葬。后来,三人果行诺言,陪葬。最初苏轼在凤翔时在《秦穆公墓》一诗中认为三良忠义,深叹:"古人感一饭,尚能杀其身。"陶渊明也是歌颂"君命安可违"。

可后来,苏轼对殉葬坚决反对,对陶渊明"君命安可违"也表示反对。他说:"此生泰山重,忽作鸿毛遗,三子死一言,所死良已微。"认为死得不值。

接着举出晏婴的例子。晏婴是春秋时齐国大夫,齐庄公与大夫崔杼之妻通奸,被崔杼所杀,晏婴得知后,赶到崔家。当时有人问他是来殉死,还是准备出逃?晏婴说:"君为社稷死则死之;为社稷亡则亡之,若为己死而为己亡,非甚私昵,谁敢任之?"苏轼对晏婴的行为表示赞赏,"贤哉宿平仲,事君不以私"。

苏轼还举了一个春秋时晋国大夫魏武子的儿子魏颗的例子,魏武子有一宠妾,无子,魏武子病中对魏颗说"等我死了,你让她改嫁"。后来魏武子病危了,改变了主意,说要让她殉葬。可魏武子死后魏颗还是让她改嫁了。别人问,为什么不照父亲的遗嘱做,他说,病重时病人的神志不清,因而遗命不合理,我还是服从他合理的遗命。苏轼从两件事引发议论。对君王一个人的绝对权威而泯灭了千千万万人的尊严和权利,使人们只能做没有思想的奴才,形同牲口。苏轼甚至非常愤怒地吼道:"我岂犬马哉,从君求盖帷。"我难道是一条狗或马吗?只要你用旧的伞、破的帷盖一盖就完了吗?

他对荆轲刺秦王之举也不以为然:"荆轲不足说……燕赵多奇士,惜哉亦虚名。"这表现苏轼的赤子之心。

赤子是刚出生的孩子。孩子眼里什么都是美好的,人人都是好人。比如,他看到穿着破衣服的穷人也会同他去玩,穿着好衣服的富人也会与他去玩,在他眼里,穷人富人没有分别,甚至也没有好人坏人的差别,差别是大人教他的,是社会教他的。说苏轼诗有赤子之心的人,就是说他看什么人都是好人。他只是按照自己真实的想法去说去做,不管别人怎么看待。

有很多研究文章,都说苏轼是被小人陷害的,你看沈括是小人、李定是小人、章惇是小人、吕惠卿是小人。而梁启超曾把反对苏轼的人列了一张表,对一个个人的人品、出身、作为做逐一分析,说这些人并非都是小人。那王安石总不是小人吧,司马光总不是小人吧,为什么都会反对苏轼,都不能容忍苏轼?

问题到底出在哪里?问题就出在苏轼好讲怪话,批语朝政,好发表不同意见。用现在的话讲,要独立,要民主,喜欢搞自由化。这是封建专制社会所不能容忍的。即使苏轼的朋友也认为他有罪。

在"朕即国家"的专制社会,苏轼能大胆喊出"我岂牛马哉"的振聋发聩的声音,实在是了不起。他用魏武子的例子来说明君王的话也不是完全正确,也不一定要听,这是对君权神授的挑战,这是对"普天之下,莫非王土;率土之滨,莫非王臣"的反叛。

无论苏轼与王安石,还是苏轼与司马光,他们廷争的实质,说到底是民本与皇权、国家利益与百姓利益、禁锢与开放、自由与专制、补天与任天而动的矛盾,是只允许一种声音,还是允许不同的声音的矛盾。今天皇帝倾向王安石了,就一定要与王安石保持一致;明天司马光掌权,代表皇帝了,又要全部听司马光的。苏轼与程颐、程颢、朱熹的根本分歧也在于此。在于要不要人的权利、人的尊严,这是在向皇权要民主、要独立、要自由。所以苏轼被抓、被放是必然的。林语堂正是在这个意义上称:苏东坡是有现代精神的古人。

苏轼就是这样固执地坚持自己独立的观点。而他坚持的观点却是不偏执的、是极宽容的。固执表现为保持独立性,甚至不听领导的话;宽容表现为处处将心比心,看到人是有缺点、有欲望的,处处为人着想。这也许正是他一生不断受挫的根源。

他不但在大是大非上如此,在日常生活中待人接物上也是如此。

苏轼曾有一句诗云:"我坐华堂上,不改麋鹿姿。"我即使在朝堂上也不改麋鹿那样自由自在的姿态。

还有诗云:

我本麋鹿性,谅非伏辕姿。

又有两句诗云:

尘容已似服辕驹,野性犹同纵壑鱼。

苏轼说自己虽然因多年宦海浮沉被驯服成套着辕的马,脸上充满了"世俗"的痕迹,几乎已成了一个"平生所惭今不耻"的俗吏。但毕竟还保持着躁动不安的野性。

"野性"两字概括了诗人一生的生活态度和人生观念。野性作为封建专制时代反禁锢的个性要求,它是与仕宦相对立的人生观。

"野性"不同于"仕宦",反对污浊的尘世束缚,纵情放逸、浑朴天真、雍容豁达,与大自然打成一片。

野性区别于归隐,两者虽然都反抗现实的迫害,但归隐是形式上超脱,而野性是心灵解放;归隐重追求肉体的自我回归大自然,野性则重在精神上的追求,自我与大自然统一。有句话叫"小隐隐于野,中隐隐于市,大隐隐于朝"。苏轼可以说是大隐了。

回归到偏僻地,如陶渊明,相对说是容易的,要在朝堂上保持独立,保持野性是难的,苏轼的人生真可谓不羁人生。

"人格独立"最能表现苏轼的精神。你要追求独立,而这个制度、文化是不允许你有独立性的,王安石不允许,司马光不允许。于是被排斥、被贬谪是必然的。

苏轼曾用极为清晰的语言表达了他的独立精神,他说:

昔之君子,惟荆(王安石)是师,今之君子,惟温(司马光)是随,所随不同,其随一也!老弟与温相知至深,始终无

间,然多不随耳。(《致杨元素》)

"多不随耳"这是何等响亮的独立宣言!

我们并不认为,在所有问题上,苏轼的观点都比王安石、司马光等人准确。问题不在于具体问题上谁是谁非,而在于是不是允许存在不同的意见,是不是允许说。苏轼是"好诗冲口谁能择",有话就要说,有诗就要写。他说自己有了想法,就如食中有蝇,不吐不快。然而这个制度、文化,不让他倾吐自己的思想,不让他表达真实的情绪!

苏轼曾感慨地说:"门前恶语谁传去,醉后狂歌自不知。"他憎恨那些打小报告的人,他是多么盼望自由宽松的政治环境啊!

王安石与苏东坡之间的矛盾并非个人恩怨,并不在于具体某一个问题上的冲突,而是带有根本性的制度与文化上的冲突。为了说明这点,我们不妨具体地看看他们的个人品质及两人关系。

坦荡人生

人应该有"不同意"权,王安石的缺点在"好使人同己",苏王两人关系反映出苏轼的坦荡胸怀,从侧面反映中国传统文化的魅力:君子和而不同,小人同而不和。

王安石其人

那么,苏轼和王安石的关系到底如何?王安石到底是怎样的人,苏轼到底是不是保守派、两面派,到底是不是投机分子,他到底投了什么机呢?

我们先看王安石其人,王安石是一个怪人。大家知道他也是唐宋八大家之一,文章诗歌都写得极好,我们小时候就读过他的诗:"春风又绿江南岸,明月何时照我还。"其实这个人应该说也很不错,他很刻苦、很勤奋,也很节俭,似乎也不是一味为个人利益想做官的人,他曾十几次推掉到京城做大官的任命,每推一次,名气就响一次,他在生活上似乎也没有任何要求,这方面故事传说很多。

一个故事是说他吃东西从不在乎,有一次别人请他吃饭,他总是拣一盆驴肉吃,那位朋友后来对王安石的妻子说:你丈夫特别爱吃驴肉。王安石妻子说：没有啊！他好像没有什么爱吃不爱吃的。那位朋友说：那么我看见他怎么专拣驴肉呢？王妻说：不会吧？那盆驴肉是不是放在他面前，明天你再请他，把驴肉放远一点，在他面前放一盆野菜试试看。那朋友照着做了，果然，王安石不拣一筷子驴肉，而把野菜吃了个精光。

他平时也不管家里的钱，他的改革主要是财政的改革，他对自己的钱却从来不管，都交给他弟弟管，后来他儿子王雱长大了，儿子不让叔叔管了，他也不知道。

他平时穿衣服总是脏兮兮的，有一次他和皇帝谈话，一只虱子在他头上爬，皇帝盯住他的头看，对他笑一笑，他也没反应过来，出来时问同事，皇帝为什么对着我笑？

人家看到他衣服太脏，带他去浴室洗澡，洗好后偷偷地给他换了一套衣服，他穿上后却浑然不觉。

他年轻时常常苦读到天亮，然后抹几下脸就上班去了，上司见他两眼浮肿，以为他整夜都在干荒唐事，劝他说，年轻人要自爱。他也不辩解，后来大家知道他原来在苦读，都很感动。

还有一次，他老婆看到他太辛苦，想用女色来分散他的注意力，给他买了一个漂亮的少妇，让她晚上进王安石书房去侍候。王安石见了说，夜里夫人不在，你来干什么？少妇说，我是夫人买来侍候你的。王安石问你丈夫为什么卖你？少妇说是丈夫赌博输了钱，欠了债只好把她卖了。王安石说叫你丈夫来。她丈夫来了，被王安石臭骂了一顿，然后叫他领回去，也不要他退钱了。

包公曾经是司马光和王安石的顶头上司。据说有一次包公设宴赏花，司马光平时不喝酒，碍于主人情面，只好勉强干杯。可是王安石直到宴会散了，仍滴酒不沾。包公也不能勉强，司马

光说,看来这个人做任何事都是不会屈服的。

他在地方上进行改革,确实对老百姓很有利。他在明州,也就是现在的宁波做地方官,百姓拥戴他,要为他塑像。

他就是这样一个怪人。当时大多数人都笑话他,但也都佩服他,欧阳修、富弼、范仲淹这些前辈都曾推荐他,想提拔他,他都不接受这份好意。

据说他是历史上惟一一个一菜一汤的公务员,一个不纳妾的大官,惟一一个没留下遗产的宰相,一个光风霁月的大儒。

高中课本里选了王安石的《游褒禅山记》,"夫夷以近,则游者众;险以远,则至者少。而世之奇伟、瑰怪、非常之观,常在于险远,而人之所罕至焉,故非有志者不能至也"。

这是他与弟弟安国等四人游山,打着火把游山洞,走到一半,有人说不出去"火且尽",于是就出来了。出来了王安石就后悔,觉得没有尽兴。认为越深入越奇。"无限风光在险峰。"这和他政治上的观点一样,人越少的地方我越要去,别人越不做的我越要做,再多人反对我也要干。

孔子说,君子有三畏:畏天命,畏大人,畏圣人言。而王安石有"三不足":天变不足畏,祖宗不足法,人言不足恤。

但是有一个人不同意一般人对王安石的看法,说这个人行为反常,违反常理。凡是违反常人、常理、不通人情的人,往往是作伪作秀,作政治秀。他写了一篇文章叫《辨奸论》,说想吃得好穿得好,是人之常情;那种故意吃猪狗之食、穿奴隶之衣的人,往往是大奸若忠,不可轻信。他不指名地说王安石将来掌握了国家大权后,一定会坏事!说这话的人,不是别人,就是苏轼的父亲苏洵苏老泉!老泉的话后来部分印证了。

孔子曾说怎么看一个人,要"视其所以,观其所由,察其所安,人焉廋哉!人焉廋哉"。意思是看他交什么朋友,看他做事的方式,看他的心态,要什么不要什么,那么这个人就藏不住了。苏洵在文章的最后说:希望我的话不正确,如果不幸言中,那么"天下将被其祸"。

苏轼也许由于父亲观点的影响,再加上他的个性与王安石完全是两类人,所以,对王安石的行为也不理解,而存戒心。大家知道苏轼可是一个会玩、会潇洒、会享受生活的人,与王安石的天生古板完全不同。

与王安石之交

个性尽管不同,王安石和苏轼在私交上还是很不错的。包括司马光与王安石和苏轼私交上都很好。王安石和司马光死后,苏轼参加追悼会,为他们写了很动人的悼词。

这里有几个小故事,说明他们之间的亲密关系,以及他们在对具体问题的看法上是难分高低的。

有一次两人同行,王安石想教育开导苏轼,正好见一间房子的根基动摇了,一面墙向东歪。王安石趁机说,我给你出一个上联:"此墙东坡斜也",不料苏东坡仰天大笑,不打一个格愣,就念出下联:"是因安石过也。"王安石想,这家伙真顽固!

又有一次,苏轼回四川去,因为从长江三峡回来,王安石托他带一罐三峡中中峡的水。特别说明是中峡的不是上峡的,也不是下峡的。据说苏轼经过中峡时打了几个瞌睡,已到了下峡,他对船工说能不能回去。船工说行是行,但逆流而上,那要多少时间,问苏轼为什么回去,苏说要打中峡的水,船夫说都是长江的水,下峡是中峡的水流下来的,还不是一样。苏轼想这倒也

是,那老头这么固执,为什么偏要中峡水,死脑筋不变通,我就打下峡的水回去,看他能不能发现。于是就打满了一罐下峡的水,到了京城送进相府。

苏轼进入相府,被引进东书房稍候,在书房里东张西望,看书桌上有一张纸,上面正写了两句诗:"明月松间叫,黄狗卧花心",苏东坡感到好笑,明月为何能叫,黄狗怎能在花心里睡觉,不通。再一看边上一张纸上面还写了两句:"西风昨夜过园林,吹落黄花满地金。"苏轼更觉得好笑,黄花就是菊花,开在深秋,傲霜耐寒,最后焦干枯萎从不落瓣,不是有人曾经写过这样咏菊的诗,"宁可枝头抱香死,何曾飘落北风中"。怎么说是满地金?于是拿起笔来就在他的纸上涂了几笔,把"叫"字改成"照",把"心"改成"荫","明月松间照,黄狗卧花荫",多好。又在那两句七言诗后加了两句:"秋花不比春花落,说与诗人仔细吟。"写好后,怕王安石出来看见当场出丑难堪,就把纸折好后压在书下。

不一会相国出来了,两人寒暄一番,苏轼把一坛水送上,王安石一面谢谢,一面取出一壶水煮沸,另外取白瓷碗一只,放了宜兴茶叶(阳羡茶叶)。茶色半响未见,王安石问:这水是哪里取的?苏轼说是中峡啊。"果真是中峡?"王安石咄咄逼人。"是中峡!""这是下峡之水,子瞻,你好大胆,还敢骗老夫。"苏轼大惊失色,知瞒不过就只好直说。但又很好奇地问:"您老怎么知道是下峡的水?"他心想,你这倔老头平时连驴肉、野菜都不分,怎么能分出中峡、下峡水。王安石说:"我就是要考一考你,一般人在上峡看风景,兴致高,到中峡累了,往往要打瞌睡,不小心就划过去了。"接着捋了一下胡须,得意洋洋地说:"这瞿塘的水性解说,见《水经补注》一书,上峡水性太急,下峡水性太缓,惟中峡水缓急相当,水性中和,所以太医嘱用中峡水煮茶,来医老夫的中胱变症。上峡水味浓,下峡水味淡,中峡水浓淡之间,刚才见茶色迟迟出现,故知必为下峡水。"

苏轼听了,不得不服这老头真有两下子。

王安石回过头来,发现自己的诗被苏轼改过了,一笑了之,也不说什么。苏轼得意洋洋暗笑,这下你可也被我抓住把柄了吧!没话说了。

但几年后,苏轼被贬到黄州,那年秋天和他的好朋友陈慥去郊游,西风吹来,满地一片金黄。苏轼大惊,问陈慥是怎么回事,黄花怎么也落瓣啊!陈慥说这有什么稀罕,这里的黄花就是落瓣的嘛。苏轼这才感到自己当年改王安石的诗改错了。于是把这事告诉陈慥,还问,还有两句诗,你觉得怎么样。陈慥说,哎呀,你又只知其一,不知其二。这两句诗里的"明月"不是月亮,我们这里有一种鸟的名字叫"明月",有一种虫叫"黄狗"。王安石正是借这个名字写了两句有趣的诗,你怎么能改老相国的诗呢?看来你被贬到黄州来是应该的了。苏轼想来想去,自己也确实太狂了点,不懂装懂,被王安石笑话,还自以为是。

不过话说回来,苏轼嘲笑王安石有时也不是没有道理。王安石改革科举内容,要取消考诗赋,自己会写诗,却说写诗对治国没什么大用处,还是"数理化"有用,专门考"政治论文"。苏轼就写诗讽刺他。王安石自己把古代的经书重新注解,编出了一本《三经新义》,作为标准化答题,考生考试一定要从他的这本书中来。苏轼也讥讽他。王安石还编了"字说",来解释文字,很多牵强附会,苏轼更是当面出他洋相。有一次王安石见了苏轼,很高兴地说,我发现"笃"是竹子鞭马的意思,苏轼说不错,我看"坡"字就是"土之皮",王安石说对对,苏轼接着说,那么"滑"字,就是"水之骨"咯。

王安石这才发现苏轼在讽刺他,反正他们之间就是这么亦师亦友亦敌的关系。

王安石做宰相时苏轼没有去逢迎他,后来王安石落魄了,住在金陵蒋山(即紫金山)。照理宰相退休,条件是很优越的,可王安石把大庄园捐给寺庙,自己住在小破屋里,因为他自己的志向没实现,加上三十几岁的儿子早逝,心灰意冷。

这时,苏轼正结束黄州的贬谪生活,他不计前嫌,特地去看望王安石。两个人虽相差15岁,却完全是忘年交,他们谈诗说佛参禅,度过了一段愉快美好的日子。王安石劝苏轼在南京买田,苏轼写了一首很动人的诗,感谢和安慰王安石:

骑驴渺渺入荒陂,想见先生未病时,劝我试求三亩宅,从公已觉十年迟。

看到王安石现在白发苍苍的老态,想到他当年叱咤风云时的威严,苏轼感慨万千。所以说"想见先生未病时",那时他完全不理解王安石改革的心意,而现在也感到当初反对得太过分了,所以说"从公已觉十年迟"。

两年以后,即元祐元年(1086年),王安石在金陵去世。苏轼非常难过,为他写了纪念文章。这才叫君子之交!

王苏冲突的根本原因

于是有人就说苏轼是两面派、投机分子,是保守派。其实恰恰相反,苏轼的可贵就在于坚持自己独立的思想,争取自由地发表意见的权利!

关于九百年前这场变法和反变法的斗争,谁是谁非确实很难说,到现在专家们还在争,何况当时!

问题不在这里,问题在于在这个斗争过程中所表现出来的一种政治空气,是民主的、自由的,畅所欲言者是无罪的,是求同存异的空气;还是党同伐异,唯我独尊,排除异己,迫害持不同政见者的风气。苏轼对问题的看法也未必完全正确,但是他坦荡真诚,进行独立思考,不隐瞒自己的观点,而且也敢于改变自己的观点。而王安石、司马光则不同,他们两人虽然是对手,后来又是政敌,但他们都要别人跟随自己的思想方法,这个性格恰恰是完全一致的。

正如苏轼在王安石死后评论他说:"王氏之文,未必不善也,而患在于好使人同己。自孔子不能使人同,颜渊之仁,子路之勇,不能以相移。而王氏欲以其学同天下!地之美者,同于生物,不同于所生。惟荒瘠斥卤之地,弥望皆黄茅白苇,此则王氏之同也。"(《答张文潜书》)苏轼的意思是,王安石具体的观点做法不是完全没道理,他错在总是想"使人同己"。孔子那么智慧,也不能使他的学生都一样,何况我们。他又打了一个比方说,大地之所以美,就因为所生长的各种各样不同的生物,只有那些盐碱地,只有只长黄茅、白苇的荒地才是相同的——满眼全是荒凉。"使人同己"点到了要害!总是要别人与你相同,保持统一,这是一种专制主义表现。

同样,司马光的问题也出在"使人随己"上。

孔夫子有句名言说:"君子和而不同,小人同而不和。""和"与"同"是看上去很相似的,其实完全不同,甚至是相反的。"和"就是要保护不同意见,让不同意见充分发表,让不同意见都和平相处,这个"和"字原意是"五味调和",甜酸苦辣咸五味放在一起

调配得好,味道就好。让五味统一成一种只有咸、只有苦或只有甜,这就是"同",同是专制,是单调,同了就没有生命力了。事实上任何事物都不可能完全相同,为了要别人"同己",结果会出现压制、打击甚至迫害的事情。

马克思有句名言说得好:我们既然允许玫瑰花和紫罗兰有不同的颜色,那为什么不能允许人们可以有不同的思想意见呢?

启蒙主义大师伏尔泰对他的论敌说:"我完全不同意你的观点,但是我要用生命和鲜血来捍卫你说话的权利。"问题的关键不在于谁对谁错,而是要让对的与错的都有自由思考、自由发表的权利,要给人以"我不同意"的权利。这是现代民主的基本准则。

这就是王苏之间冲突的根本原因,而苏轼在九百年前就在为此而努力了。

我们不得不为这个人脱帽致敬!

可惜后来的执政人,也就是王安石提拔起来的人,不但打击王安石,而且也借王安石之名打击苏轼。

政治上的事,实在难说,然而,王安石和苏东坡的这段私交却是值得后人玩味的。

潇洒人生

上有天堂下有苏杭,杭州古称有"十景",至少有三个景致与苏轼有关,那就是:"苏堤春晓"、"三潭印月"和"柳浪闻莺"。

一般人只知道苏轼是一个诗人,一个文学家,其实他的才能是多方面的,他还是一个政治家,一个实干家,一个出色的管理人才。

宋仁宗曾经写了一首诗,说"地有吴山美,东南第一州"。可见,杭州在当时已经很美了。后来被称作"上有天堂,下有苏杭"。

苏轼曾两次出任杭州地方官,一次是36岁时,熙宁四年(1071年)第一次到杭州,做通判;一次是50岁时,做杭州知州。前后两次相隔十五年,加起来共做了五年,他在杭州做了几件大事。

通判杭州

在熙宁四年(1071年)十一月,苏轼被排挤出京城,抵达杭州,任通判。前文说过,通判是协助知州(府)办事的,是北宋特设的一个官职,知州、知府制订政治的措施必需通判同时签字,才能施行。通判还有一个特别的权力,就是可随时向中央打报

告,因此,对正职有牵制和监督的作用。这是加强中央集权的措施之一。杭州在当时是经济、交通、商业、文化的重镇,在国际贸易上也具有重要意义。苏轼任杭州通判,说明他虽然反对新法,但神宗皇帝还是倚重于他的。

他刚到杭州就写了这样的诗句:

> 未成大隐成中隐,可得暂闲胜长闲。我本无家更焉往,故乡无此好河山。

通判还有很多具体工作,苏轼经常奉命出差,到富阳、宜兴、扬州等地去考察,直接了解农民的实况。

他刚到杭州做官时,心情是非常愉快的,这从当时写的一首诗里可以看出。在去浙江桐庐富阳新城的路上,他写了两首《新城道中》,写得阳光灿烂,其中一首如下:

> 东风知我欲山行,吹断檐间积雨声。岭上晴云披絮帽,树头初日挂铜钲。野桃含笑竹篱短,溪柳自摇沙水清。西崦人家应最乐,煮葵烧笋饷春耕。

这首诗把他外放杭州,在春天里出去执行任务的愉快心情写得非常传神。东风知道我要外出了,把檐间滴滴答答的雨声也吹断了。雨停了,天气放晴了,山上的云朵像给山头戴上了一顶帽子,初升的太阳像一面铜锣挂在树上。野外短短的篱笆边桃花笑着迎接我,溪边的柳枝在水边愉快地摇摆着。农民们正在煮葵烧笋忙着准备春耕。真是一幅农家乐的画面。

可是真的接触了农民,苏轼在执行新法过程中看到新法在具体实施中的弊病。比如青苗法,农民在荒饥时向政府借米,到了交税收获季节,如果是荒年农民只好卖牛拆屋还钱,如果是丰收年,百姓有米,官不要米,要钱,百姓只好把米贱卖,得钱去交税。所以,即使丰年也痛苦不堪。

他曾写了一首《吴中田妇叹》道出农民的痛苦之深。

今年粳稻熟苦迟,庶见霜风来几时。霜风来时雨如泻,杷头出菌镰生衣。眼枯泪尽雨不尽,忍见黄穗卧青泥!茅苫一月垅上宿,天晴获稻随车归。汗流肩赪载入市,价贱乞与如糠粞。卖牛纳税拆屋炊,虑浅不及明年饥。官今要钱不要米,西北万里招羌儿。龚黄满朝人更苦,不如都作河伯妇!

总算有了一点收获,"价贱乞与如糠粞"。结果是"卖牛纳税拆屋炊,虑浅不及明年饥。官今要钱不要米……不如都作河伯妇"。

因为当时国家严禁进行自由贸易,有些小商小贩往往堕入法网。苏轼统计过,江浙地方,一年中有一万七千余人因犯盐法入狱,作为朝廷命官,他只好将他们抓起来,但内心却苦闷、矛盾:他们为什么要犯法,还不是为了吃饭?这年除夕,他还在衙门值班,就写诗一首《除值直都厅》:

执笔对之泣,哀此系中囚。小人营糇粮,堕网不知羞。我亦恋薄禄,因循失归休。不须论贤愚,均是为食谋。

他希望最好放囚犯能回家过个年。

这些诗日后都成了他反对新法的政治把柄。

熙宁六七年间,各处又发生了旱灾。飞蝗满天,苏轼出差检查工作,从镇江返回杭州,途经无锡,只见旱灾严重,老农哭泣,他写道:

> 洞庭五月欲飞沙,鼍鸣窟中如打衙。天公不见老农泣,唤取阿香推雷车。

苏轼知杭州

第一次到杭州,苏轼是个副市长,权力不大,第二次来杭州,他已经是一个名副其实的知州了。

苏轼第二次到杭州是十五年后,这时他已经有"东坡居士"这一号了。虽然是被旧党排挤出来的,但毕竟是知州。东坡特别高兴,旧地重来,他决心大干一番,好好整治西湖。

苏东坡第二次到杭州作了几件利民工程:

苏东坡第二次到杭州时看到西湖由于没有经常疏浚,湖面上长满了厚厚的葑草,湖底下的淤泥越积越厚,他担心这样下去,不出20年西湖会被淤塞,为了得到朝廷支持,苏东坡即刻上书,写了一篇《杭州乞度牒开西湖状》,奏折中写道:

> 杭之有西湖如人之有眉目,盖不可废也。

什么叫"度牒"?简单说,就是和尚的文凭,和尚有了这个文凭,就可以云游天下,到哪儿就吃在哪儿,住在哪儿。这个文凭不是轻易可以拿到的,即要有功德,也就是说做过好事积过德,文牒是国家发给的,苏东坡想:向老百姓征钱,还不如向和尚们要,杭州有三百六十寺,和尚众多,有很多人在申请度牒,不如让他们用功德来换取。

现在我们都觉得修西湖是件大善事,但当时还是有人反对的。苏东坡给修西湖找了五条理由。其中最主要的理由是说西湖是放生池,如果西湖发臭了,这些被放生的鱼鳖都会死去。第二,有利于老百姓饮水,百姓喝了不洁的水会生病。第三,使之成为一个大水库,可蓄水放水以救灾。第四,有利于运输,接通与运河的联系。第五,好水作酒,征收酒税,有经济效益。

元祐五年(1090年)四月,东坡筹足了钱,便发动了20万民工,开始疏浚西湖,历时半年多。

东坡毕竟是艺术家,他不能单单疏浚,还要使之美化。他集思广益,决定把挖上来的淤泥和葑草筑一条跨越西湖南北的长堤,既省去交通运输费,又方便西湖南北居民的往来;并在堤上建了九个亭子,以及映波、锁澜、望山、压堤、东浦、跨虹六座桥,还在堤上植了杨柳、桃花、芙蓉。每当春光明媚时,漫步在堤上,细柳含烟,芙蓉初绽,桃花盛开,恍若画中,人们为感谢苏东坡,名此堤为苏堤,南宋时宫廷画家多以西湖四时景色入画,此处被命名为"苏堤春晓"。

苏堤筑好了后,苏东坡考虑到如果管理不善,不久又会出现杂草丛生的局面,于是想了一条措施,把湖边周围水面分租给当地人。要他们种菱种藕,既美化了西湖,又可控制杂草,因为要种菱、藕就要管理,把杂草除掉。另外,他在湖中心小瀛洲处定了三个标记,也是为分配湖面,控制水面杂草乱长,严禁在这个范围内种植任何植物。后来这三个点,经过美化索性成了三个小塔,八月十五,月如玉盘,倒映在湖面上,人们就把这个风景叫

做"三潭印月",成为赏月胜地。

他到杭州不久,发生了一次瘟疫。苏东坡眼见老人孩子甚至一个个壮汉倒下,心急如焚,忙里忙外,找来民间医生组织医疗队,给群众看病。为了方便群众,他还集资办了医院,名之曰"安乐坊",并首先捐出自己的积蓄,还与名医草医研究,探讨医术。当时有一个同乡叫巢谷,他有一个治疗瘟疫的土方叫"圣散子",苏东坡去向他求方子。巢谷说,方子给你可以,但不能外传,并要苏东坡发誓,东坡答应了。为了保密,苏东坡一个人日夜给病人配药,但后来病人实在太多,他只好违约,向社会公布,到处张贴,组织药源,免费供应,以预防为主,又积极治疗,很快把瘟疫控制住了。这个功德到现在为止杭州人还津津乐道。现在杭州有个清波坊,就是那医院的所在地。

经过这次灾难,苏东坡发现,问题主要出在水质,群众的饮用水,于是他下决心改变群众的饮用水质。除了疏浚西湖,还开井引渠。杭州本来有六口大井多年失修,苏东坡组织人力疏浚,又新挖了好多井。

苏东坡还组织群众搞了一个引水工程。从周围山上引水,用几万根大毛竹,劈开后连接起来,考虑到竹子易烂,就到宜兴特制陶器水槽,并且让专人看管负责。从此以后,杭州人民吃到了山泉水。

苏东坡在杭州除了兴修水利,办医院,办学堂外,日常的工作是判案,处理各种刑事、民事案件。

这位杭州的青天大老爷,有一颗大慈大悲的心肠,犯人触犯了法律,能宽容的尽量宽容。

有个扇庄掌柜向绸布店掌柜借了钱,到期未还。绸布店掌柜便到苏东坡那里告状。苏东坡问清情况属实,便问扇庄老板,你为什么不还欠债？那个老板说小人勤勤恳恳没日没夜做，但今年雨水多，天不热，扇子卖不出去，所以无法还债。苏东坡一想，对他说，你去拿二十把白扇子来。老板急忙拿了来，苏东坡拿起批工文的毛笔，刷刷刷就在扇子上写了几个字，涂了几笔，兰竹木石。说你欠了人家二十缗，这二十把扇子你就一把卖一缗，正好还清。扇庄老板刚出衙门就被闻讯而来的书画爱好者、收藏家一抢而空，连那个贷款的掌柜连连说，留一把留一把，结果也没留下。

还有一次，差役抓来一个冒名运货的人。他冒充自己是给苏东坡家送东西的。苏东坡一看是一个老人，一问是从广东来要到京城去赶考，顺便带着几件绸缎，准备一路卖一路赚盘缠。听说冒了做官人的礼物就可以不交关税，而苏东坡特别出名，于是就冒了他的名。苏东坡笑着问他，你知道我是谁？老人说，你不是杭州的父母官吗？苏东坡说，是啊，可我就是你冒的那个苏东坡啊。老人吓得面如土色、瑟瑟发抖，苏东坡说，你别怕，你这么大年纪，要进京考官也不容易，叫差役把货物上的那张"送京城苏东坡"的纸撕下来，苏东坡又亲笔写了一张字"杭州苏东坡送东京竹子巷七号苏辙收"。写完叫手下贴在货物上，转头对老人说，这下你可以放心去了，一路上再也不会有人向你要税了，就是到了京城，皇帝老子见了，也不会怪你。不过有一个条件，你这次进京如果中了进士，可别忘了请我喝酒啊。

老人转忧为喜，千恩万谢。进京考过，果然金榜题名。后来他特地到杭州来感谢苏东坡，苏东坡与他一起游山玩水十多天。

苏轼曾引过这样一句话："赏则从与，所以广恩也；罚则从去，所以谨刑也。"苏东坡这样做其实是符合他的罪轻从轻，赏轻从与。难道苏东坡对所有犯罪错的人都这样吗？那倒也不是，

他有时也很严。有一个和尚看上某妓女,钱用得差不多了,那个妓女便不理他了,他便恶从胆边生,把那女的杀了。后来案子破了,和尚苦苦求情,苏东坡骂他,你这和尚怎么做的,又偷情又杀人,还要怕死。看来还是只能请你去阎王那里风流吧!还写了一首《踏莎行》给他:

> 这个秃奴,修行忒煞。云山顶上空持戒,一从迷恋玉楼人,鹑衣百结浑无奈。毒手伤人,花容粉碎。空空色色今何在?臂间刺道苦相思,这回还了相思债。

判讫,押赴市草出斩。

还有一次,一个黑道上老大,因为有后台,有恃无恐,带领手下欺行霸市,还打人坑人,欺侮弱小,按法律对这种人最多教育一下,就可以了。因为他没有触犯哪条法律。结果苏东坡动了真格,明知不能重判,不但打了屁股,还把他充军了。这家伙不服。为此,苏东坡还打了报告,告诉上级我为什么要这样做,结果朝廷上的一帮政敌正好抓住他的把柄,说他擅改法律,法外行刑,把那个黑老大从路上放回来。这件事后来又作为苏东坡行为放肆、目无法纪的证据,将来清算时又是一条罪状。

苏先生确实有些意气用事,把法和情混在一起了。

苏东坡留给杭州的记忆,实在数不胜数。吃的穿的用的住的,什么龙井过溪亭、惠勒六一泉,西湖东坡肉,吴山蓑衣饼。杭州百姓根据苏东坡的诗歌取的名字还有好多,比如:"春淙亭"、"壑雷亭"就是根据"西湖春淙一灵鹫"、"跳波赴壑如奔雷"的意思命名的。杭州现在还有"东坡路"、"学士路",如果你到杭州,就处处会感到苏老先生就在你的身旁。

清代浙江巡抚阮元写过一首七律诗,来纪念苏东坡在杭州的政绩:

东南胜地号西湖,德政才名颂大苏。双镜波光连别浦,长堤树色拥前途。看花玩月有时有,把酒临风无时无。今日六桥犹似昔,桃开十里绛霞铺。

造福人生

熙宁四年(1071年),三年任期满后,苏轼第一次离开杭州前往密州,就是现在的山东诸城,两年之后又去了徐州。每到一处,都留下了极好的口碑。

开采五色土

13世纪意大利人马可·波罗游历中国,看到中国人用煤作燃料,异常惊奇,便在《马可·波罗游记》中向欧洲做了介绍,说中国有一种黑色的石头,采自山中,价钱便宜,燃烧时火头旺,和烧炭一样。然而,早在11世纪,苏轼就直接领导勘探和开采过煤炭,是勘探和开采煤炭的总工程师。

关于这件事,苏轼还写过一首《石炭》诗。这石炭就是煤。

熙宁九年(1076年)十二月,苏轼在密州任满,奉诏移知河中府(治所在今山西永济县)。和新任密州知州孔宗翰办完交接手续后,苏轼离开了多灾多难的密州。但苏轼还未到河中府,在他经济州去开封时,朝命变了,让苏轼赴徐州任知州。

徐州地处南北要冲,因而是历代兵家必争之地。但隋唐至两宋间,南北大运河的淮河到黄河段是由汴河和蔡河沟通,未经徐州,所以徐州的地位也就不如从前了。但不管怎么说,无论是调河中府还是调徐州,苏轼这知州都比在密州要风光一些。

苏轼知徐州的这一年冬天,雨雪纷飞,天寒地冻,路上行人稀少,山民无法进行砍柴割草,以致柴草贵得惊人。缺柴少草,做饭、取暖都成了问题。当时甚至到了一捆湿柴可以换一床被的程度,苏轼感到问题十分严重,一定要想办法解决。于是他做了一番调查,亲自查阅了大量的有关历史文献,了解到汉代王莽曾用徐州城南"五色土"解决做饭、取暖问题。

这"五色土"相传是女娲炼石补天遗留下来的残渣,可以燃烧。他想,徐州或许就有可当柴烧的石头。于是他派出人马,到处查访,寻找能够燃烧的石头,终于在徐州西南白土镇的北面,发现了当时被称作石炭的煤。

苏轼马上组织群众进行开采。他异常兴奋,乘兴写下了《石炭》诗:

君不见前年雨雪行人断,城中居民风裂骭。湿薪半束抱衾裯,日暮敲门无处换。(这是写了城中缺柴的困难)

岂料山中有遗宝,磊落如砮万车炭。流膏迸液无人知,阵阵腥风自吹散。根苗一发浩无际,万人鼓舞千人看。(接着写找到煤时欢欣鼓舞的情景)

投泥泼水愈光明,烁玉流金见精悍。南山栗林渐可息,北山顽矿何劳锻。为君铸作百链刀,要斩长鲸为万段。(最后展望煤的发现带来的前景)

徐州抗洪

似乎是上天有意对苏轼加以考验和挑战,就在那年的七月,

黄河在今河南濮阳决口,八月二十一日,大水经徐州继续南下,却被徐州城南的大山挡住去路,水势日涨。到九月,水位已达二丈八尺,比徐州内平地高出一丈多。徐州城危在旦夕!

黄河决口的消息传来,苏轼立即将徐州城内的壮年组织起来,对外堤进行加固,万一不测,还可及时填补,以使洪水到来之际,徐州城内的百姓才不致过于惊恐。只是这次的洪水比想象的凶,水面离堤面只有几寸了。苏轼一面组织青壮年赶赴东南大堤,将大堤加高加厚,一面动员驻徐州禁军参加抗洪。

禁军,在宋朝是直属中央调遣的!但眼看徐州城危在旦夕,苏轼亲自来驻地求援,禁军被苏轼的精神所打动,也积极加入抗洪大军。数千禁军开赴城外,和居民一道加固了大堤。这也许是军民自觉团结奋战抗洪的最早记录吧!

洪水一来民心大乱,城门口挤满了人,有钱人想携钱逃离,哭喊声响成一团,苏轼身为知州,亲自到现场做工作,表示人在城在,城在人在。他自己冒着风雨,日夜守在城头,众人受到感动,纷纷安下心来离去,城门恢复了平静。军民日夜奋力苦战,水涨堤高,全城防洪工程进一步全面加固,做到了万无一失。

后来一位老和尚建议,在清岭凿开一条渠,把洪水引入黄河故道,苏轼采纳了。这招实行之后立刻见效,围困了两个多月的洪水退去了。洪水退后,检查堤防,无一处溃缺;普查人口,无一人伤亡。百姓的生命财产得到了保护,创下了前所未有的纪录。

朝廷颁布嘉奖令,皇帝在嘉奖令中说:

> 汝亲率官吏,驱督兵夫,救护城壁,一城生齿并仓库庐舍,得免漂泊之害。

又说"民人保居,城郭增固,徒得汝以安也。朕甚嘉之"。这"得汝以安,朕甚嘉之"八个字,分量之重可想而知!接着由于苏轼的申请,朝廷又拨款修筑大堤。

战胜了洪水,增筑了土木大堤,于是苏轼提议盖一座"黄楼"。"黄楼"的涵义很多,五行说里黄色代表土,土能克水,另外,黄楼与黄河同色,黄河就不能冲刷黄楼了。

后来黄楼成了苏东坡在徐州所作诗歌总集的名称,正如他在密州建筑的超然台成了他在密州所写诗集的名称一样。

神宗元丰元年(1078年)九月初九,黄楼举行盛大落成典礼。苏轼是由衷的欢喜。老百姓得免于水灾,建堤建楼费了半年工。黄楼属于全城的居民,分明是将来防洪的保障。落成仪式举行时,全城万人空巷。

黄楼耸立于东门之上,高一百尺,下面立有五十五尺高的旗杆。楼的形状犹如一个宽广的佛塔。大家一齐登楼,一览四周的景物。那天早晨,偏偏浓雾笼罩。他们往窗外瞭望时,只听见下面过往船只桨橹摇动辗轧作响的声音,大家觉得犹如置身于海船之上。不久,雾散日出,可以看见远处渔村错落。

苏轼请来了苏门四学士等文人雅士,吟诗作赋,并摆设盛筵,配以大型奏乐,以款待来宾,共同庆祝这次盛典。苏轼当场也写了《黄楼诗》回忆看到的场面:

……
水穿城下作雷鸣,泥满城头飞雨滑。
黄花白酒无人问,日暮归来洗靴袜。

作为地方官,苏轼在徐州才真正大展鸿才。

事后,苏轼又写了一篇文章记录此盛况,并刻之于石,以垂久远。

密州灭蝗

苏轼每到一处都十分关心老百姓,造福一方。他到密州时,正逢蝗虫肆虐,天有大旱。遇到这种情况,过去一般官吏都报喜不报忧,为讨好上级,说"蝗不为灾",甚至"惑言为民除草",不但不成灾,说蝗吃草,还能为民除草。可苏轼一面上报灾情,要求朝廷发放粮食救济;一面指挥百姓参与灭蝗,并去常山为百姓祈雨。

也许是感动了山神,回家路上便感到南风微微吹动,先是吹动头发,后吹动衣襟,吹动树叶,最后把旗子吹得猎猎作响,随之一场大雨倾盆而至。

苏轼高兴得不能自禁,提笔写了首《次韵章传道喜雨》:

山中归时风色变,中路已觉商羊舞。夜闻骚骚闹松竹,朝畦泫泫流膏乳。

有人说,苏轼在密州时,还做了一件坏事,就是镇压农民起义。因为连年灾荒,农民铤而走险的不少,盗贼蜂起,治安较乱。对此,作为一方太守,他确实派人去抓去镇压。正如他说的"磨刀入谷追穷寇"。

他在给《与王庆源书》的信书说:

始至,值岁饥人豪,剽劫无虚日。凡督捕奸凶五十七

——黄玉峰说苏轼

人,近始肃然。

所谓"肃然"就是要整顿秩序,维持治安,作为一个地方官,这是他的职责。

一般地说灾荒到来的时候,总有一部分强悍的人铤而走险。苏轼完全体谅这些因为税深加重而破产的农民。"欲为农夫又值凶岁,苦不为盗,唯有忍饥。"

他说,这些人"冒法而为盗则死,畏法而不盗则饥,饥寒之于弃市,均是死亡。而赊死之忍饥,祸有迟速,正理之常,虽日杀百人,势必不止"。就是说,做强盗抢东西是死,不抢饿死也是死,反正都是死,还不如抢了可以侥幸地晚一些死。总之,不解决他们的生计问题,就是每天杀100人,也是止不住的。

但他又看到,天灾加上动乱,只能加重灾情,并不利于灾害的解除,而且最遭殃的还是百姓。所以对此必须镇压。

对他们处理上,苏轼还是尽可能宽容的。他说:"上不尽利,则民有以为生;苟有以为生,亦何苦而为盗。"他们是不得已为盗的。

也就是说,对老百姓中强硬者的铤而走险,他还是同情的,这充分体现了苏轼人道主义的精神。

这使我想起外国的一个故事,托尔斯泰有一次见到高尔基,请高尔基谈谈自己的经历,高尔基把自己少年时代受的苦向托翁倾吐了,你猜,伟大的人道主义者托尔斯泰说了句什么话?他说:"你受了那么多苦,你有权做坏人!"但是对于当时的暴力革命,托尔斯泰是反对的,当热血青年来要求他参加暴动时,他毅然拒绝了。在这个问题上,苏轼与托尔斯泰几乎采取了同样的立场。

所以我以为,对于苏轼在任上抓捕利用灾荒搞打砸抢的人,不能笼统地说是镇压人民。我们不能一提到镇压农民起义就说这是反动阶级的本性。所以,笔者不同意说苏轼是镇压农民起义的刽子手。我们看问题不能那么简单化,不能人云亦云。

苏轼趣事

《水浒传》里说高俅最早是苏学士手下的一个奴仆,这个苏学士是不是苏东坡呢?不错,这个苏学士就是苏东坡。高俅原来是苏东坡的仆人,而且是书童,他写得一手好字,苏东坡写字他磨墨,苏东坡写文稿他誊写。严格地说,是个抄写的文书。不但如此,高俅的名字也是苏东坡改的,他本名叫毬,有点才气,有点风流,并且爱玩足球,所以苏东坡给他改名叫"俅",俅:是恭敬的意思,通逑,"窈窕淑女,君子好逑",又和球是谐音。

后来苏东坡被贬去了岭南,把一些丫鬟门人遣散,这时高俅被苏东坡介绍到驸马王诜门下。有次王诜让高俅去端王府送东西。到了那里,端王正在踢球,突然一个球飞到了高俅脚下,高俅来了一个漂亮的回传,端王一看,是行家,问:你的球怎么踢得这么好?高俅说平时也玩,常跟苏学士一起玩玩。问哪个苏学士。答:就是苏东坡。苏学士被贬岭南,我要跟去,他不让,说不必跟他受苦,就把我送到驸马家。端王说,那太好了。你就留在我这儿吧!他叫了一个小仆人说,你去告诉驸马,东西我留下了,人也留下了。日后端王即皇位,成了宋徽宗,高俅也跟着发达了。

既然苏东坡的书童这么善于踢球,而东坡先生又是这么爱玩的人,所以,笔者推测,苏东坡也许是一个足球爱好者。

不过,我们不要把小说当作正史,因为《水浒传》流传极广,大家印象中高俅这个人极坏，好像他完全是个恶人。其实未必然。至少他后来对苏东坡家是感恩报答的。

还有一件趣事不妨提一提，在徐州有一个地方叫"百姓洪"，顾名思义，这条河流到这一段有一百多公尺的地方，水流湍急，掀起巨浪，苏轼觉得好玩，就叫船夫设计一种小舢板去冲浪，从石缝中穿行，船夫都吓得大叫，可苏轼却玩得高兴，稳坐船头，还写了诗句：

> 长洪斗落生跳波，轻舟南下如投梭。
> 水师绝叫凫雁起，乱石一线争磋磨。
> 有如兔走鹰隼落，骏马下注千丈坡。
> 断弦离柱箭脱手，飞电过隙珠翻荷。
> ……

也许因为人有灵性吧，遇事会有一种预感。才高、名高，现在又是功高，这怕不是好事吧！这年八月十二月，苏轼得了长孙，这应该是高兴之事，但不知为什么，这年中秋佳节赏月的夜晚，苏轼并不像平时那么兴奋。冥冥之中似乎觉得有一种不祥之兆向他逼近。只有苏辙看出他的情绪变化，他描写了那天晚上的情景：

> 明月未出群山高，瑞光千丈生白毫。
> 一杯未尽银阙涌，乱云脱坏如崩涛。
> 谁为天公洗眸子，应费明河千斛水。
> 遂令冷看世间人，照我湛然心不起。
> ……

一轮明月,苏轼有一种莫名的惆怅,冷眼看这人世间,明天,明天将如何?苏轼离开徐州后,又去湖州上任,他是立了大功的人,但到湖州,迎接他的将是什么?等待他的将是什么呢?

苦难人生

元丰二年(1079年)七月,刚在湖州上任两个多月的苏轼被一群武装执行人员像捆鸡狗那样押到了京城,这是怎么回事呢?

苏轼在徐州抗洪救灾,立了大功,得到了皇帝嘉奖。他的警惕性更差了,对新政的弊端又口无遮拦地批评起来。他不知道,一张罗网正向他悄悄袭来。

乌台诗案前奏

元丰二年三月,苏轼离开徐州,四月到湖州上任。到了湖州,照例写了上皇帝的谢表,在奏表中顺便发泄了自己的怨愤。他在文中这样写道:

> 愚不适时,难以追陪新进,察其老不生事,或能牧养小民。

意思是我赶不了形势,难以跟上那些朝廷新贵,新进就是刚刚火箭式上升的年轻官员。不过我老了,不想再惹是生非。"牧养小民",过去把老百姓比作要官员管理的牛羊群。当官的叫

苦难人生

"牧"。万万没料到,这些牢骚话,像一根点燃的导火线,把文字狱这座火山点燃,一场灾难即将从天而降!

乌台,就是御史台,相当于现在的最高人民法院。因为门口种有一些松树,树上栖满了不吉利的乌鸦,就称为乌台。诗案,就是因写诗文而引发的案件。这个案子后来牵连了近百人,是历史上有名的文字狱。

这个案子表面上是因为上面说的湖州谢恩表上的文字点燃的,其实由来已久。新党早就在搜集苏轼的反朝廷证据,只是这位天真的苏先生还浑然不觉。他的好朋友早就劝过他,早在八九年前,他到杭州时,文同就写诗送他"北客若来休问事,西湖虽好莫吟诗"。他弟弟也一再劝他少说话少写诗。可是这对一个以诗为生命的人来说,是多么困难的事。他不但不改,而且逢人就写诗,也不看看对象,正如他说的"上可陪玉皇大帝,下可陪卑院田乞儿","眼前见天下无一个不好人"。然而,他终于尝到了苦头。

乌台诗案的前奏曲牵涉到一个人,这个人是在中国科学史上鼎鼎大名的、写《梦溪笔谈》的沈括。沈括在政治上倒是一个真正的投机分子,新党当政,他支持新法;王安石倒台后,他又说新法的弊端。他跟苏轼本是老朋友。有次沈括奉命巡察,顺路去杭州直接找苏轼。苏轼热情地招待了他。沈括玩了几天,说要回去了,向苏轼讨诗,苏轼当然不会推辞,很高兴地写了一首诗给他,还把自己的诗集给他。哪晓得,沈括带了这些诗就去朝廷邀功,给皇帝和宰相看,说苏轼怎么怎么骂你们,还拿出苏亲笔写的诗作证。可是皇帝到底没轻信他的话,反而斥责了沈括。但对苏轼,皇帝心里总多了一个疙瘩,很不愉快。

这是多年以前的事。

——黄玉峰说苏轼

入狱

现在,苏轼送上门来了,来自投罗网了。这时王安石已暂时还乡,新党骨干监察御史何大正(正臣)、舒亶,国学监博士李宜之、御史中丞李定,开始发难,弹劾苏轼。他们已拿到苏东坡的一本诗集:《苏子瞻学士钱塘全册》,他们整理了苏东坡的四大罪状。

(一)反对、攻击新政,反对变法;

(二)陛下置之未问,他就变本加厉,肆意攻击;

(三)苏轼的话虽无理,但影响大,危害大,鼓动流俗,巧言令道,言伪而辩;

(四)陛下修明政策,苏轼嫉恨皇帝不重用自己。

这简直是罗织罪名嘛,说来说去四条是一个意思,个人有私怨,于是反对新法,屡教不改,妄自尊大,诬蔑朝廷。这顶帽子很大,但实际很空。

我们今天可以这样认为,但在当时,却是不得了的。不过为了有实证,他们也想方设法找寻苏轼其他"行为不端"的证据,把新账老账一起算。比如说苏老泉死的时候,苏轼送父亲和妻子的灵柩回四川,顺带拉了一些货物,进行买卖以牟利。还有就是在凤翔,过节时上司开会,他无故缺席,一个人到庙里去看古董,看王维的、吴道子的画,看石鼓文,还写了一篇《石鼓歌》,目无领导、目无纪律。

除此以外,他们再也找不出什么证据了。

可是,这对苏轼而言,已经是够他受了。

元丰二年(1079 年)七月二十八日,这一年苏东坡 44 岁。

苦难人生

七月二十八日,对苏东坡来说是一个不吉利的日子。44岁被抓是七月二十八日,65岁病死也是七月二十八日。

这一天办完公事,苏轼到商店里去买了一个木盆,晚上用来泡泡脚的。突然来了一个人,说是他弟弟派来的,告诉他一个惊人的消息,说是朝廷已来抓你了。苏辙的消息是从驸马、皇帝的妹夫大画家王诜那儿得来的,后来王诜也因此事倒了霉,被发配。

新党李定是派他的亲信皇甫尊来湖州抓苏轼的,皇甫尊带了他的儿子和几个兵丁快马向南,等于与苏辙派出的人在互相比赛跑,皇甫尊儿子生病了,在润州(镇江)耽搁了半天,所以晚到了。

苏轼得到消息吓得魂飞魄散,脸色顿变,毕竟从来没经历过这样的事,不知道自己犯了什么罪,不知如何是好,也想不到与妻子去商量一下。

可怜我们的大诗人,从现在就要做阶下囚了。正在这时,抓他的人也到了。皇甫尊装出莫测高深的样子一声不吭,苏轼手足无措,不敢出去相见,也不知道自己该穿什么衣服。通判祖无颇说,他们还没有公布罪名,你仍应穿官服出见。苏东坡走出二门,迎见皇甫尊,这家伙还是一言不发,时间一分一秒过去,空气紧张极了,这时如果划一根火柴也许就会爆炸。

苏轼实在忍不住了,先开口说:"轼自为官以来,惹恼了朝廷的事很多,今天想必是赐我一死。死本不可推辞,求你让我把木桶拿回家去与家人诀别。"

这个大诗人讲话都语无伦次了。

那皇甫尊冷冷一笑,说那倒还不至于。

此时,通判祖无颇上前一步说:"想来一定有诏命吧?"皇甫

——黄玉峰说苏轼

尊反问:"你是什么人?"祖无颇表明身份,士兵把文书交给他,打开一看,原来是革职进京。苏轼才稍稍松了口气。

苏轼获准与家人告别,随后动身,妻子王闰之哭得像个泪人。苏轼强作镇定,与她开玩笑说,你不会像杨朴处士的妻子那样,也写一首诗给我送行吗?

杨朴是宋初的隐士,被宋真宗派人强行带到朝中,真宗问他是否有诗送行,杨朴随口编了一首,说是妻子给他的一首诗:

更将落魄贪酒杯,且莫猖狂爱咏诗,今日捉将官里去,这回断送老头皮。

后来真宗把杨朴放回了。听苏轼讲了这句话,妻子逗得破涕为笑。于是就在当天,苏轼被押解赴京。

苏轼全家二十余口人也惶惶地雇船从湖州迁到南都苏辙家。船行到宿州时,突然冲上来一批官兵,翻箱倒柜,搜拿文稿信函,东西乱扔,吓得妇女儿童们哭成一片。凶神恶煞般的士兵离去后,苏夫人恨怒交织,面对乱七八糟的文稿,猛地点了一把火烧了!

顷刻之间,苏轼多年心血的凝聚化为无数飞舞的灰蝶,残稿仅剩下不到三分之一!

这是中国文学史上的一大损失!

面对这突如其来的打击,在押送的路上,还没有经受过这样侮辱的苏轼,想到自己的尊严,考虑到不要连累他人,曾经想过跳入江中,一了百了。他想我如果死了,会拖累弟弟子由,想到此,他终于没有跳。

八月十八日,苏轼被投入御史台大牢,此后他的命运到底如

何呢？

苏东坡进入大牢的当天，典狱长见大名人苏轼来了，就跑来看他。问他你们家有没有五代免死的丹书铁券。这个免死铁券是皇帝赐予有功大臣的，如果家中有这个铁券，子孙们犯了法可以不杀。可见，那个典狱长凭经验，已经把苏轼视为死囚犯了。

第三天，即八月二十日，由李定主持，开始审讯，先由苏轼自述罪行，他只承认自己在政治生涯中有两次过失，一次是在凤翔，托故未去知府厅参加官方仪典，曾罚铜八斤；另一次在杭州，没有上报王文敏的偷窃官府案，曾罚铜八斤；至于讽刺诗只承认在杭州作的几首，但否认写讽刺诗给朋友，生怕连累他人，说是自己写给他们的，他们没有回诗，最后又说自己是无罪的。

见一时难以撬开苏轼的口，舒亶、何正臣用车轮式大战，从肉体和精神相结合的办法，日夜拷问，羞辱侮骂，威胁恐吓。当时因犯案下狱开封府府尹苏颂的牢房就在审讯室隔壁，后来他写诗记这件事，说起来就痛心流泪。

  遥怜北户吴兴守，诟辱通宵不忍闻。

苏轼熬不住时，认为"士可杀而不可辱"，准备绝食，于是设法吞药而死，却没有死成。

认罪

苏轼于八月三十日开始，全线崩溃，决定全面认罪，你们说什么我就承认什么，外调人员到各地收集材料，先找了牵连的39个人，找到100多首诗，是反朝廷反新法的，每一首要苏轼自己解说,是怎么讥讽影射朝廷,反新法的。

苏轼表现了惊人的记忆力,只要提到哪一句,苏轼马上背出历史掌故,引经据典,然后自己编造怎么诽谤朝廷,攻击新法。

关于《日喻说》

包括苏东坡写过的几篇寓言,也说是攻击王安石的《三经新义》,那篇《日喻说》:生出来就瞎的人,不知道太阳,就问眼睛亮的人,人们告诉他太阳像铜盘,瞎子敲了一下铜盘,以后他听到锣声就以为是太阳。有人说太阳的光像蜡烛,他摸到了蜡烛是长长的,以后摸到笛子以为是太阳。

审问的人说就是攻击改革,攻击新法,攻击《三经新义》。

关于"河蚌与螺蛳"

审问的人又问他,你说田螺和河蚌的故事是什么用心?

苏轼确实编过一个寓言。他说:有一天,河蚌与螺蛳在沙滩上相遇了,螺蛳说,你看我长得多美,多么富有曲线。河蚌说,是啊,你确实美,婀娜多姿,从上到下都是曲线。螺蛳说,是啊!不过,老天真不公平,为什么只让你有珍珠,不让我有?河蚌说,因为我什么都让人看见,而你从头到尾,还有盖子?

审问的人又问他,你说田螺佞谀,河蚌正直,是不是诬蔑别人是阿谀奉承的小人,而自己却是君子?

关于"燕子和夜枭"

审问者又问他:你讲那个燕子和夜枭的故事是什么意思?

那故事说,有一天燕子和一只蝙蝠争吵起来,燕子认为太阳升起是一天的开始,而蝙蝠说,太阳落山才是一天的开始。两只鸟相持不下,就去请教凤凰。在路上,碰到了鸽子,鸽子说,近来我没看见凤凰,有人说他请假不在,有的说他在睡大觉,总之是夜枭在值班,在代替凤凰的职务。

很明显,这个故事就是在攻击现在的当权者是夜枭!

苏轼自然不能抵赖。

接着审问者又给苏轼扣上了种种帽子:

皇上为推行新法,令百官学习文件,苏轼却讽刺是:读书万卷不读律,致君尧舜终无术。这是反话,说我们这些人读了万卷书,就是没读中央文件,所以无法帮助你皇上成为尧舜。

又说皇上要发展农业兴修水利,苏轼就讽刺说是:东海若知明主意,应教斥卤变桑田。如果东海龙王知道你的用意,那它也会来帮助你改天换地了。

皇上为了增加国库收入,实行官盐专卖,苏轼又讥讽说是:岂是闻韶忘解味,迩来三月食无盐。现在我们只能像孔子那样,听听韶乐,三月不知盐味了。

皇上要发动群众,苏轼又讥讽说是:化工只欲呈新巧,不放闲花得少休。皇上天天换花样,天天折腾,连百花都不让休息。

还说皇上要挑选人才,要大家进取,而苏轼却说:古之君子不必仕,不必仕。说君子可以做官也不一定要去做官,要人们不必进取。

还把"根到九泉无曲处,岁寒恐有蛰龙知"解释为是诬蔑皇上,把皇上说成是地下的龙,而不是天上的龙。

总而言之,是句句对着皇上。这样的罪怎么还能容忍!

接着审问的人分析了苏轼犯罪的"反朝廷动机",是"登科后,入馆多年,未甚进擢,兼朝廷用人多选少年,以此撰作诗赋文字讥讽,意图众人传看"(《乌台诗案》)。用现代的话说,因为不满现状,于是写作并传播反动谋叛的语言文字,罪大恶极,不杀不足以平民愤,应从重从快予以坚决打击。

虽然苏轼在情绪上对变法有意见,对这些火箭式新进的干部是看不起,是有所讽刺,他的诗文中是有牢骚有攻击。但苏轼是个直性子的人,有什么想法就会在诗文中表现出来。

乌台诗案结局

案子审完了,接着就是等待处分。

苏轼与他大儿子苏迈约定,如果有什么情况,就送肉送菜,如果有坏消息就送鱼。有一天苏迈正好出去筹钱,托一个朋友给他爸爸送饭,那朋友好心,想苏东坡一直吃肉吃蔬菜,也快吃腻了,我给他换换口味,送条鱼吧,于是烧了一条浓油赤酱的大鲫鱼给送去。苏轼一看,不好,要杀头了。悲痛之中,想到弟弟苏辙,想苏辙和他从家乡苦读出来,二十多年,心心相连,为自己作了这么大牺牲,为他把官也顶了罪,现在还是这个结果,想起曾经与他相约退休后两个人一起到家乡隐居,夜雨对床,通宵谈话。可这一切都已不可能了,于是又写了两首诗,其中一首写道:

柏台霜气夜凄凄,风动琅珰月向低。
梦绕云山心似鹿,魂惊汤火命如鸡。
……

说自己在阴森森的监狱里,心跳得像鹿,生命就像一只鸡。另一首写得更痛心。

圣主如天万物春,小臣愚暗自亡身。

百年未满先偿债,十口无归更累人。
是处青山可埋骨,他时夜雨独伤神。
与君世世为兄弟,再结来生未了因。

说是自己糊涂招来杀身之祸,现在自己死倒算了,却连累了家里人。想起弟弟苏辙心里更难过了,希望与你世世代代做兄弟,到来世再去实践我们曾约定的夜雨对床的诺言吧。

不过,这到底是虚惊一场。苏轼托狱卒把诗带给苏辙,狱卒不敢。把诗上交到皇帝手里,神宗本来在拿到案卷后就犹豫不决,他本不是一个糊涂的君王,觉得这样对待苏轼太过分了。况且,宋朝开国皇帝赵匡胤在建国时就有一个规定,不杀文臣。最多是流放到边远的南方荒蛮之地。现在看了苏轼的诗,想想人才难得,不能开杀戒,留下千古骂名。其实这时他内心对改革派的有些做法也开始怀疑。

正好在这时,曹太后病重,神宗十分焦急,想大赦天下来保佑祖母。曹太后得知后,将神宗召到病床前,艰难地说,不须赦免那些穷凶极恶之徒,我只要赦免一个人就行了,那就是苏轼,当年仁宗皇帝殿试贤良后回宫,曾高兴地对我说:今天我又为子孙准备了两个宰相人才。就是指苏氏二兄弟啊。现在苏轼因作诗入狱,难道不会是仇人中伤吗?望你不可冤滥,致伤中和。

除了太后,很多苏轼的朋友因为怕牵连,虽想说,也不敢说,但是当时的左丞相吴充终于站了出来。有一天,吴充问皇上,曹操这个人怎么样?皇上说:不怎么样。吴充说:陛下常常以尧舜自比,而看不起曹操,可是曹操还能容忍一个祢衡,您却不能容忍一个苏轼,这是为什么?

当时,出面营救苏东坡的还有三个人:

张方平：虽早已退休，却也派了儿子送信相救。

王安石：虽已不在位，仍上书相救，说：焉有盛世而杀文士？

苏辙：他上书巧妙地为哥哥辩解，最后说"臣窃哀其志，不胜手足之情……欲乞纳在身官，以赎兄轼，非敢望末减其罪，但得免下狱死，为幸"。就是说要用自己的官职赎兄长免于死罪。

终于，神宗皇帝最后决定，把苏东坡贬到湖北黄州。

乌台诗案直接牵连的有39人，还有46人因收受苏轼讥讽诗文不报，也受到处分，有的外放，有的降职，有的罚铜，苏轼在狱中关了整整130天，苏辙受牵连被贬到筠州（今江西高安）当酒监（相当于现在政府招待所的经理）。就这样，"乌台诗案"总算落下了帷幕。

苏轼在儿子苏迈的陪同下，踏上了去黄州的道路。前面迎接他的将是什么呢？

圆通人生

元祐三年(1080年)大年初一,开封城里充满了喜气洋洋的节日气氛,到处是祈求好运的鞭炮声,家家大门口都贴着大红门联,空气中弥漫着火药味。王安石有一首诗曾描绘了这一气象:"爆竹声中一岁除,春风送暖入屠苏,千门万户曈曈日,总把新桃换旧符。"

可是就在这一天早晨,城门口,走出一老一少两个人,他们面色清瘦,神情淡定,背着一个小包袱,一步一步地向前走去,还不时地回头望望开封城头上高高挂着的灯笼——他们是谁?他们就是苏轼和他的长子苏迈。苏轼此刻并不知道,他即将完成一次永载史册的文化突围。黄州,注定要与这位伤痕累累的大师进行一场继往开来的壮丽对话。

南下黄州

大年初十,苏辙从南都(今河南商丘)赶到了,兄弟相逢,如在梦中。他们俩都因乌台诗集被贬到遥远的南方,哥哥被贬到湖北黄州,任黄州团练副使,不得签署公事;弟弟被贬到江西筠州做酒监。黄州即现在湖北省黄冈市。

——黄玉峰说苏轼

兄弟俩好久不见了,这次见面一是为慰藉思念之情,主要还是为了商量两房家眷南迁的事宜。最后商定由弟弟带着两家人,从南都搭船东行南下,然后溯江而上到九江。苏辙让自己的家眷暂时呆在那儿,把哥哥的家眷送到黄州,再返回九江带自己的家眷去筠州。而苏轼父子俩则直接到黄州,等家眷到来。

为什么要这样安排?一是因为苏轼南下是有人押着的,一是因为陆路不好走。

他们父子俩整整走了一个月,二月初一才到达黄州,呆在定惠院里。而苏辙带着哥哥的家眷,要到五月份才赶到。比他们晚了三个月,路上的辛苦自不用说了。到达黄州那天,苏轼就按规定给皇帝写了谢恩表。

苏轼到黄州,首先遇到的是吃饭问题。他一到黄州就写了一首诗:

自笑平生为口忙,老来事业转荒唐。

这为口忙,也可以理解为因嘴巴而遭殃。要是被反对派看见,不知又会发生什么事呢!

苏轼当时积蓄只够用一年。一年的时间转眼会过去,苏轼没有工资奖金,也没有灰色收入。据说政府只给一点实物的补助。他靠什么来养活二十多人的一大家子?

苏轼实行了"计划经济":他规定每天只能用一百五十钱。具体办法是每月拿出四千五百钱,分作三十份,一份份悬挂在屋梁上,每天早晨用叉子挑一份下来,然后藏起叉子,即便一百五十钱不够用,也不再取。一旦有节余,则放进一只竹筒。等到竹筒里的钱足够多时,再邀约朋友共饮。

雨洗东坡

但是不久,他发现这样也不行,手中的积蓄已经不多了。得朋友马正卿帮助,向官方申请了一块地,有五十多亩,开始了自己耕作。这块地上都是瓦砾,苏轼把石子瓦片一块块挖走,种上了庄稼。

有一首诗记载了当年的生活情况:

> 去年东坡拾瓦砾,自重黄桑三百尺。今年刈草盖雪堂,日炙风吹面如墨。

这时的苏轼是一副农夫打扮,头戴蓑笠,有时赤着脚,穿着草鞋风里来雨里去。然而,他的心情却异常放松平静。大自然的风风雨雨、大自然的美景,抚平了他心灵的创伤。

苏轼在黄州,一面自己耕种,一面也置田收租,心情很愉快。他在给朋友的信中说:"有屋五间。果菜十数畦,桑百余本,身耕妻蚕,聊以卒岁也。"

在这样的生活中,他反而觉得越活越年轻,他还常常自己谱曲自己编词自己吟唱。

第一年的劳动,就收获了大麦二十石,恰好家中米尽,苏轼便令奴仆将大麦做成饭,咀嚼起来啧啧有声,孩子们直说这是"嚼虱子"。

苏轼尽量改良"大麦饭"的口味,在饭中加入小豆,他妻子王闰之笑着给这吃法命名为"新样二红饭"。

苏轼耕种的那块地在东面山坡上,他给起了个名字叫东坡。

并且自称"东坡居士"。

关于"东坡"的名字由来,有各种说法。有人认为"东坡"是受白居易的影响。白居易在忠州做刺史时写下了《步东坡》:朝上东坡步,昔上东坡步,东坡何所爱,爱此东坡树。他的命运和白居易命运相似,心心相印,所以用"东坡"两字。不过我以为主要不是这个原因,而是出自苏轼自己的一首诗。一天晚上,苏轼从田头回来,月亮已升起来了,苏轼一面走一面听着自己脚步声和竹杖敲打在石头上的声音。忽然冒出一个想法。这坡上的石头,不就是我吗?一首诗在苏轼的脑海中自然地形成了,诗名就叫《东坡》:

  雨洗东坡月色清,市人行尽野人行。莫嫌荦确坡头路,自爱铿然曳杖声。

我宁愿相信这才是"东坡"命名的契机。

苏轼获得了新生,在风雨中他的灵魂升华了,苏东坡诞生了!

从今天开始,一个崭新的苏轼诞生了。他的名字叫苏东坡。

人们甚至不知道世上有苏轼,而只知道中国有个大文豪,他叫苏东坡!

此时此刻,他深深体会到,人应随遇而安,任运顺天。

他给家人讲了一个"胡子"的故事。有一位胡子很长的老先生,有一天,有个孩子问他:老爷爷,你睡觉的时候,胡子是放在被子里面还是放在被子外面的?老先生想,我也不知道啊!那天晚上,老先生睡不着了,他的胡子放在里面不是,放在外面也不是,折腾了一个晚上。第二天,他把胡子剪了!

他告诉家人对成败、荣辱、是非、穷达、贫富,甚至生死都不要太在意。

其实苏东坡的精神真值得我们现代人学习和借鉴。如今许多人的心理承受能力很差,遇到挫折就容易灰心、垂头丧气。看看人家苏东坡,不仅直面苦难,甚至还能苦中作乐。

同样对于苦难,不同的人感受是不同的。英国幽默大师萧伯纳说过这样一段很有意思的话。他说,世界上有种人有两个悲剧,一个是得不到想要的东西,一个是得到了想要的东西:得不到想要的东西,他有失败感,内心痛苦、失落;得到了想要的东西,他又感到无聊、无趣。但世界上还有一种人,有两个快乐。一是得不到想要的东西,一是得到了想要的东西:得不到,他不断追求,快乐幸福在追求中;得到了想要的东西他就感到满足,知足常乐。前一种人永远痛苦,永远是个苦瓜脸;后一种人永远愉快,永远满脸阳光灿烂。

看来苏东坡是既上得厅堂,又下得厨房。虽然有时他也不免痛苦,但却是永远快乐的。面对困难与挫折前表现出豁达乐观的人生态度,苏东坡不是第一个,也不是最后一个,却是做得最好的一个。

东坡自省

在中国封建社会里,即使要杀头了,也要谢谢皇帝"臣罪当诛,天皇圣明"。因为至少没有把你满门抄斩。到了黄州,苏东坡立即给皇帝上谢恩表。在给皇帝的谢表中,苏东坡表示自己在黄州将"当蔬食没齿,杜门思愆,悟积年之非,永为多士之戒"。意思是从此我一定生活艰苦朴素,闭门思过,少说话,反思这么多年来的错误。永远作为多士(即读书人)的借鉴教训。

苏东坡一向以"敢言"著称,司马光曾上书说自己"敢言不如苏轼"。这次却要缄口反思,苏东坡是不是在说假话呢?

不是,他确实需要反思。他也确实进入了深深的自责和反思中。他在黄州一个庙里住下,天天坐着冥思苦想。他在想,自己为什么会被别人抓住那么多辫子?自己有辫子也确实是事实。他想起孔子的话,孔子说:可与言而不言是失人,不可与言而言之是失言。自己屡屡的失言,是为什么?

子曰:"吾日三省吾身:为人谋而不忠乎。与朋友交而不信乎?传不习乎?"一个人要认识自我是十分不容易的,没有大的挫折、大的教训是不会进行全面的反思的,当然就很难认清自我。

这一时期他大量阅读了佛经,还阅读了《道藏》。他把儒、道、释融会贯通,渗入了自己的灵魂。

他每隔一天要到安国寺参禅。可贵的是,他没有完全接受佛教把人生视为苦海,把身体视为腐囊的厌世主义。他仍然执著地热爱生命,珍惜人生。

在他看来,道家的重视生命正好可以用来补救佛教之失,道家的养生延年与佛教的开悟智慧完全可以并行不悖,互为补充。

苏东坡吸取了儒道释三家之长,儒家入世,佛家超世,道家避世。苏东坡把它们统一了起来。

他以儒修身,以佛治心,以道养生。他把道家珍爱生命的意识、儒家推己及人的博爱思想、佛家众生平等的观念紧密地结合在一起。在这个过程中,苏东坡读书,写书,种田,交友。关心百姓生活,给穷人看病,自己拿出钱,办起了慈善基金会。同时不知不觉地进入了"我到底是谁"生命的哲学思考中。

圆通人生

在这一点上,中西方有惊人的相似。苏格拉底有一天白天打着灯笼低着头在找什么东西,他的学生问他,老师你在找什么东西?他回答,在找我自己,我不见了。他用这个形象的动作来教育学生:要认识自己。

希腊神庙中就刻着这么几个字"认识你自己"。苏东坡经过反思,开始认识到自己,认识到了自己在这世界的地位。他走向了成熟,他向别人编了一个寓言,说明自己的认识过程。

一个公差押着一个和尚犯人到京城去。公差怕和尚逃走,一路上念念有词:"两个人,一个和尚一个公差,一个和尚一个公差。"那个聪明的和尚在一天夜里,把公差灌醉,然后把他头发剃光,把自己的衣服给他换上,自己穿着这个公差的制服逃走了。公差醒来一看少了一个人,急得头头转,他想两个人到底谁丢了?"一个和尚一个公差",他一看公差的衣服不见了,和尚的衣服还在,再一摸头,这才放心,说还好,和尚还在,公差逃走了。这个笑话看起来不可思议,仔细想想却深刻地说出了"认识自我"之难。

"我是谁"的问题,永远是困惑人类的谜,到今天也没有人敢说已经解决了。苏东坡当然没有完全解决。

在黄州,他精神的升华,在于对人生进行了这个哲学的思考,认识到人——自己在世界上的地位,认识到生命的短暂,人生的虚空,自我的渺小。当然也认识到自己过去的狂妄和浅薄——但这不是主要的。

这个时期,在苏轼的诗文里,大量出现了"我"这个字眼。

我是谁?

我本麋鹿性,谅非伏辕姿。(我是一头无拘无束的野鹿,不是伏在车辕下的驴子)

我本西湖一钓舟,意嫌高屋冷飕飕。(我本来是一只自由自在的小船,深深感到那高楼大院冷飕飕)

嗟我本狂直,早为世所捐。(可叹我本性狂放质直,早被那些人所抛弃)

长恨此身非我有,何时忘却营营!(我认识到,这身体不是我的,什么时候能得到真正的精神自由)

多情应笑我,早生华发。(天上的妻子一定在笑话我,为了这些俗事而白发早生)

江山如此不归山,山神见怪惊我顽。我谢江神岂得已,有田不归江水。(如此美好的江山,我却不投入大自然的怀抱。连山神都要见怪,说我冥顽不化,我对江神说这是不得已。向大江发誓:等我能解决了生计还不归田园,那就跳入脚下的江水淹死)

黄州是苏轼一生的转折点,使苏轼从政治哀伤和噩梦中摆脱出来,回到了大自然的怀抱,使他重新认识社会,重新认识自我,重新认识人生的意义。他写信对自己的学生李方叔说:"足下所见皆故我,非今我也!"

我们千万不能把苏轼的反省理解为痛改前非;恰恰相反,黄州之旅,使他坚定了"野性"的人生态度,使他痛苦的灵魂在自然的天地里找到了归宿,使他发现了新的生命的境界,使他更坚定了为天下苍生说话做事的决心。

人生如梦,万境皆空。这不是消极的反抗,恰恰是深刻的参悟,积极的进取!

通过苦苦思索,苏东坡认识到,快乐与痛苦全在自己,他认识到世界、人生的真谛!认识到人在世界中的地位,认识到世界变与不变的道理,认识到今天与昨天的关系,他的创作欲望像火

山那样喷发出来了。

东坡赤壁

"赤壁三赋"从天而降!

苏东坡面对长江;面对明月;面对赤壁;面对历史;面对现实,写道:

> 客亦知乎水与月乎?逝者如斯而未尝往也;盈虚者如彼而卒莫消长也。盖将自其变者而观之,则天地曾不能以一瞬;自其不变者而观之,则万物与我皆无尽也,而又何羡乎!

这就是苏轼之所以成为苏东坡的密码!他继续写道:

> 惟江上之清风与山间之明月,耳得之而为声,目遇之而成色,取之无禁,用之不竭,此造物主之无尽藏也。而子与吾所共适。

黄州是苏东坡疗伤的地方。时间是医治创伤最好的医生,但对苏东坡而言,除了时间这个魔术师之外,还可以借助美酒和美景。它们共同安慰着诗人的愁肠。而黄州最好的美景无疑就是赤壁了。

于是《念奴娇·赤壁怀古》响彻了九州的天空。

这首无人不知的《赤壁怀古》,其实目的并非怀古,而在于伤今。苏轼借怀赤壁周郎之古,伤黄州东坡之今。同样是羽扇纶巾、雄姿英发的苏东坡,而今却被贬谪荒郊。因此,苏东坡不禁发出人生如梦的浩叹!

词中的"多情"是名词,指"多情的人",这里具体指的是他的发妻王弗。"多情应笑我",就是说,如果前妻还活着,一定要笑我怎么会为了区区挫折而早生白发。

当一个人的精神升华以后,一切都是那么快乐幸福。

一天,有一位朋友告诉他,离他家三十里远的地方,有人要把一块田出卖,这块田俗名螺丝店。据说地很肥,种上一斗种子,可以收十斛米,也就是一百斗,他就同朋友去看地。回来时,下起了大雨。

他们都没带雨具。别人都很狼狈,惟有苏东坡,在风雨中坦然而行,一面还朗诵自己写的诗。

于是一首著名的《定风波》诞生了。

  莫听穿林打叶声,何妨吟啸且徐行。竹杖芒鞋轻胜马,谁怕!一蓑烟雨任平生。 料峭春风吹酒醒,微冷,山头斜照却相迎。回首向来萧瑟处,归去,也无风雨也无晴。

从这首词中,我们看到一个轩昂、洒脱、淡定的诗人形象:穿草鞋拄竹杖,大步地往前走,在大雨中春风把他的酒意吹醒了。一会儿天晴了,他回过头来看自己走过的路,不禁唱道"回首向来萧瑟处,归去,也无风雨也无晴"。对今天的我来说,一切过去了的东西,都无所谓,无论是风雨还是晴天,都无所谓了。

这首词包含着深刻的人生哲理,也代表着东坡在黄州学佛学道的成绩,他已把一切看淡。

人只要有追求、有欲望,就一定会有失落,人如果太在乎得和失,他的心便永远平衡不了。

其实,人的一生在不断地失去:失去青春,失去工作,失去健康,失去亲人,最后连生命也会失去。既然如此,为什么要为失去什么而不高兴呢?如果一直为失去不高兴,那么,你将永远不高兴,还不如忘情得失,一切任运而动,顺天应命,那么,所有的风风雨雨都对你没有影响了,你将超然物外,安步徐行于风雨之中。

苏东坡感到年轻了许多,他再也不为"早生白发"而苦恼。终于,他唱出了最美的生命赞歌:

谁道人生无再少?门前流水尚能西,休将白发唱黄鸡。

谁说人不能再年轻,你看门前的流水还能向西呢,不要为白发满头而悲观吧!

苏东坡在黄州就这样快快乐乐、平平静静地过着日子,但突然有一天,京城里传播着一个消息,说苏东坡逃走了,不见了。

然而,这是谣传。事情是这样的:元丰五年(1082年)的一个夜里,他与几个朋友在江上饮酒,稍稍有些醉意,回到家已半夜三更了。敲敲门,家童也已睡了。这时他站在门外见江水滔滔,忽然产生一个幻想,如果这好风好水把我这不自由的身躯吹到人们不知的什么地方去,那多好啊!于是对着送他的客人唱了一首词,便散去。这就是有名的《临江仙》:

夜饮东坡醒复醉,归来仿佛三更。家童鼻息已雷鸣,敲门都不应,倚伏听江声。　　长恨此身非我有,何时忘却营营？夜阑风静縠纹平。小舟从此逝，江海寄余生。

苏东坡的词，一写出，马上会不胫而走，一下子传了开去。谣言说苏东坡写了这首诗后，便将官服脱下，挂在江边树上，乘着小船，长啸而去。谣言首先传到徐知州耳中，这可得了，苏东坡是"罪官"，他有监管的职责，真的跑了，他可吃不了兜着走，他立即赶到临皋亭，不想苏东坡鼻息如雷，还在睡大觉呢。

除了读书交友著述，苏东坡现在有时间练身体了，他少年时代就好动，现在练起了瑜伽功。他练瑜伽与别人不同，他不讲究古怪的动作姿势。他讲究咒语。本来练瑜伽是有咒语的，一般情况下，人们不愿相传，于是，苏东坡就自己编写了咒语，每次练习时就心中默念或高声朗诵。他还把自己写的咒语公之于众。所以到今天，我们还能看到他的咒语，这里不妨抄出，与大家分享：

我性真有，是身本空；四大合成，与天地通。如莲芭蕉，万窍玲珑；无道不入，有光必容。瞳瞳太阳，凡火之雄；湛湛明月，众水之宗。我尔法身，何所不充；不足则取，有余则供。取予无心，唯道之公；各忘其身，与道俱融。

告别黄州

从元丰三年（1080年）二月到达黄州，至元丰七年（1084年）四月离去，苏东坡在黄州整整呆了四年三个月。当皇帝下诏要他移居汝州、告别黄州这一天到来时，他是何等留恋！

回头看看熟悉的一草一木，耳边传来了钟楼上的鼓声，苏东

坡两眼不禁湿润了。他希望有生之年能再来黄州,当即写了在黄州的最后一首诗:

> 黄州鼓角亦多情,送我南来不辞远。
> ……
> 我记江边枯柳树,未死相逢真识面。
> ……

当我再次回到黄州的时候,不知道这江边的枯柳还认识我吗?

然而,苏东坡这一去,再也没回到黄州来过,再也没有回来看看他亲手开垦的东坡地了。这也许是命吧!

苏东坡在黄州流放整整四年三个月,这四年三个月的修炼,使他的精神人格得到了升华,这四年三个月使他的作品完成了质的飞跃,这四年三个月是中国文学史上值得大书特书的四年三个月。

苏轼接到离开黄州的诏书,第一件想到的就是去筠州看望弟弟苏辙。

兄弟俩已五年不见,一见面都互相注视很久,不相信自己的眼睛,似乎都不认识了。照理分别近五年,都是中年人,不会有多大变化吧!怎么都会变得不认识了呢?难道五年会老得这么快吗?不,恰恰不是老,不过也不是变得年轻,那是变得怎样?

两人的脸上多了一份成熟,多了一份慈柔,多了一份超尘拔俗,似乎都得了仙气。虽然皮肤都比过去黑了些,但脸上更清癯,更爽朗,眼睛更有神。这是怎么回事呢?五年的田园生活、五年的内心修炼使他们兄弟俩都变了。

悲悯人生

一个人的素质,往往表现在对陌生人的态度。对自己的亲人朋友好是自然的,也是应该的,问题是你对陌生人如何。苏东坡有一颗大慈大悲之心,表现在他对陌生人特别地关心。

在黄州期间,苏东坡的生活自然是比较艰难的,属于变相劳改,不过好在还有一点行动的自由,也可以和各种人来往,虽说是犯官,但多少还是官。

有一天傍晚,外面刮起大风,大雪纷飞,天渐渐暗了下来,苏东坡独在驿所取酒解寒,突然从外面闯进来一个人,头上的竹笠已经积雪盈寸,看不清脸。他早已浑身僵硬,进了门就向苏东坡要吃的,说是饿坏了。苏东坡二话没说,就叫人赶快备饭备酒,同时让这个人擦洗干净,换上他的干净衣服。开饭时,苏东坡就拿出自己藏着的好酒,与这个陌生人对饮起来。这个陌生汉子也许实在累了,一吃完就呼呼睡着了。第二天一早,陌生人急着赶路,不打声招呼就走了。苏东坡甚至还来不及问他的名字。

苏东坡就是这样对待陌生人的。

从黄州北归时,发生了一件令苏东坡悲伤的事,他与朝云生的孩子经不起路途的辛劳,生病死了,只有十个月大。苏东坡痛苦万分,心灰意冷,对仕途更加没兴趣。他向朝廷打了报告,要

求在常州安居,朝廷批准了。

于是他托了好朋友邵明瞻在常州买房子,准备将来在那里养老。邵明瞻帮苏东坡物色了一个很好的宅基,有后花园,有前庭。苏东坡很高兴,一日傍晚他与邵明瞻出去散步,突然听到路边一间破屋里有人在哭,苏东坡是个菩萨心肠,听不得别人的哭声,就走上前去看个究竟。

原来是一位年近七十的老妇人在哭,苏东坡问,为什么哭啊,老妇人说:我儿子没出息,赌钱输了,把我们家祖传的老屋也卖了。苏东坡问:你们家的老屋在哪儿?这一问可问出了大事:原来那就是苏东坡买下的房子。他看老妇人哭得可怜,便让她把儿子叫来。先是训了他一顿,接着当面把买房屋契约烧了。也不要他们还钱。还正告老人的儿子,要他发誓:从今以后,再不赌钱,再不让老母亲流离失所。

关于这件事,听起来好像是故事传说,但它确确实实不是道听途说,在当时就有记载。

一个人对自己家里的人好、对自己的亲人好、对朋友好,这是完全应该的,并没有什么特别值得夸耀的。比如父母生你养你,辛苦了一辈子,反过来你对他好,孝敬,这是很自然的事,这是做人的底线。对朋友也如此,既然是朋友,就有感情的往来,别人对你好,你也应该对别人好,礼尚往来。来而不往非礼也。

难就难在也对陌生人要好,看起来陌生人对你没有什么好处,但是你要知道,你生活在这个社会上,绝大多数需要的东西都是陌生人为你提供的,离开了陌生人,你几乎寸步难行。你住在家里,房子是谁盖的?粮食是谁种的?你每天出门,马路是谁打扫?因此,你一切的一切,都是陌生人在为你服务。这是一个社会的普遍素质高低的标尺。

——黄玉峰说苏轼

苏东坡在黄州,平时十分清闲,他完全可以不管事。但是,凡是他看到的,他都要管。

黄州这地方,有一种坏风俗,就是生了二男一女后就把再生的孩子全部浸在冷水里溺死。这当然是因为穷。苏东坡实在不忍,打报告给当地政府,请求解决这个问题,要用法律形式规定溺婴是犯罪的,并且广为宣传。他一面还自己组织了一个慈善基金会。要有钱人出钱、捐钱,并让一个懂会计的和尚来管账目。给生孩子的家庭以补助,他自己当时也很困难,但也每年拿出一笔钱,带头捐助。如果谁肯领养,就给以奖励补贴。

他写信给朋友说,只要在生出来时不把孩子害死,几个月后,父母就会爱上孩子,有了感情,这时,再叫他去害也不会干了。

多年后,苏东坡有一次经过这一带,发现路边跪了一群一群的小孩、青年,有男有女,向他磕头。苏东坡问是怎么回事,路上人告诉他,这些人都是你当年救下来的,他们的父母告诉他们,如果没有苏东坡,你们早就在马桶里淹死了!

以后,他无论到哪里,都会做这个工作,到徐州,看到有很多没爹没娘的孩子,就组织大家领养。凡领养的就给以补助。到海南也如此。我们可以毫不夸张地说,苏东坡是一个慈善家。

苏东坡的爱陌生人,不但是对穷人、对好人,就是对囚犯也是大慈大悲的。他36岁那年在杭州做通判,到了除夕这一天,按照衙门的旧例,要把牢里的犯人一个一个提出来点名。那年除夕,别人都回家过年了,苏轼却在衙门值班,眼看那些铁索锒铛的犯人一个个过堂点名,一直忙到天黑还没点完,不能回家。他心里想,我和他们有什么两样,大家都是可怜的人,他们为了生活触犯了法律,我不过也是为吃饭才贪恋这份工资,做这样违

心的事。他的心里忽然闪过一个念头,产生一个冲动。很想学学古人把这些囚犯暂时释放,让他们各自回家过个团圆年。可是他终于没有这个胆量,为此,他感到深深的惭愧,便在监狱的墙上题了一首诗,题目就叫《除值直都厅》。

他还提出要给囚犯治病,宋朝法律有一个规定,不能随便殴打犯人,特别是不能把犯人打死,但是如果是病死,也就不管了。因此很多犯人因为有病得不到治疗而死去。苏东坡对此非常不满,他上书要求给犯人治病,他在自己管辖范围内便首先这样做了。

当然,他的这种悲悯情怀是因为他生性善良,但也不是凭空来的,而是有源头的。他从小读儒家的书,懂得民为贵的道理,他读佛经,赞成"众生平等"。他本质上是一个有平等意识、有博爱情怀的人。

他十分喜欢陶渊明的诗文和为人,有一次他读陶渊明给他儿子的信,里面有这样几句话,令他十分感动。

陶渊明家里有个仆人,陶的儿子对他态度不好,很生硬,陶渊明说:

此亦人子也,当善待之。

意思是这也是"人"的孩子,你要好好地待他。

把穷人当人,把坏人当人,把敌人当人。这就是苏东坡的博爱情怀。特别是表现在他对弱势群体的关怀上。

苏东坡对穷苦人关怀的例子实在是举不胜举,我们再讲一件关心农民子女的事。王安石的青苗法实行以后,在青黄不接时,借钱给农民,农民还不出,只好到城里来打工。孩子没人带,也跟着到城里。城里人就设法赚他们的钱,苏东坡很为他们忧虑,写了这样一首诗,"杖藜裹饭去匆匆,过眼青钱转手空;赢得儿童语音好,一年强半在城中"。意思说,农民到城里什么也没得到,只是让孩子学会了一口城里话。这首诗后来成了苏东坡反对朝廷政令的罪状之一。

总之,这种对别人理解、关怀、尊重的思想深深地刻在苏东坡的心里,并处处表现在行动中。所以苏东坡到任何地方,都是平等待人,什么地方都有朋友,在什么地方都生活得开开心心。一个人为别人做了好事,心情总是愉快的。

苏东坡说,自己为别人做好事,并不是为别人,而是为自己,能利人济物,他就高兴。他说自己有两个嗜好,一是合药,一是酿酒。他的合药,不是给自己治病,而是为别人治病,他看到有人生病,就想怎么给他治好,一旦治好了,他就高兴得像个孩子。他喜欢酿酒,自己酒量很小,酿酒主要是招待客人,看到别人喝得醉醺醺的,他就高兴,仿佛是自己喝醉了。他曾写过一篇文章《书东皋子传后》,其中有这样的话:

> 故所至常蓄善药,有求者则与之,而尤喜酿酒以饮客。或曰:"子无病而多蓄药,不饮而多酿酒,劳己以为人,何也?"余笑曰:"病者得药,吾为之体轻;饮者困于酒,吾为之酣适,盖专以自为也。"

这"劳己以为人"说得如此轻松,仿佛为别人活着成了他做人的底线。

因此,每到一地,不要几天,他的身边就围拢了一批朋友。有朋友,就有人想着,生活就丰富多彩,就活得滋润。没有朋友

即使钱再多,生活也是枯燥无味,精神空虚的。而要有朋友,就要对人真心,就要善待人,苏东坡曾对他弟弟说:在我眼里,上至玉皇大帝,下至田院乞儿都是朋友;在我眼里,世界上没有一个不是好人。幸福的人眼里的世界都是好人,不幸福的人眼里到处都是坏人,都是与他作对的人。这也许是苏东坡留给我们的一份精神遗产吧。

因为当时连年灾荒,路边经常有倒毙的人,还常有枯骨。苏轼每到一地,就收集枯骨,把他们一起掩埋,并为他们写铭文以祈祷。最有名的是《惠州祭枯骨文》:

> 尔等暴骨于野,莫知何年。非兵则民,皆吾赤子。恭惟朝廷法令,有掩骼之文;监司举行,无吝财之意。是用一新此宅,永安厥居。所恨犬豕伤残,蝼蚁穿穴,但为丛冢,罕致全躯。幸杂居而靡争,义同兄弟;或解脱而无恋,超生人天。

这段话大意是:你们这些可怜的人,尸骨暴露在荒郊野外,不知道有多少年。你们都是我的朋友,不是士兵就是平民百姓。朝廷本来就有法令,有掩埋尸骨的文书,官方应该切实实行,不应有吝惜财物的念头。因此,我们建造了这座新居,好让你们永远安居于此。所遗憾的是,因为猪狗的伤残,蝼蚁的破坏,今天我们只能为你建造这个集体的坟墓,而且难以找到你们完整的尸骨。希望你们和睦相处,不要因杂处而相争,你们互相之间要像兄弟那样。我相信你们最终能够得到超脱,或重新做人,或升入天上。

这篇铭文写于惠州,当时他自己在流放中,可还是如此关心百姓。虽然相隔九百多年,当我们读着苏东坡的碑文时,都不能不被他那大慈大悲的心地深深感动!

风光人生

苏东坡一生,四十多年为官,如果简单地划分,可以概括两个大循环:"在朝——地方官——被贬"。第一个大循环从反对新党的变法,外放到杭州、密州、徐州、湖州,乌台诗案后到黄州贬官。第二个循环从元祐元年开始进京做大官,因与司马光旧党的矛盾,外放杭州、颍州、扬州、定州;再后来,被贬英州、惠州,最后到儋州。那么,苏东坡这段在京城做官时期到底是怎样的风光呢?

如果粗粗地划分一下,苏东坡为官四十年,除去父母死丁忧,以及在路上奔波的时间,三分之一时间在朝廷,三分之一时间在外做官,三分之一时间在流放。

所以虽然有十一二年的流放时间,其中还有三分之二时期是风光,这里我们要说明一点,即使流放、贬官到边远地方,还算个官,不过是罪官,是受一定限制的官。所以,除去这一时期,苏东坡确实有过非常风光的时期。

苏东坡最风光的要数元祐元年(1086年)50岁那年,从黄州流放回来后的几个月中。

风光人生

八年风光

元丰七年(1084年),为表示对新法的不满,有一个管宫门叫郑侠的门卫,画了一幅《逃荒图》给神宗皇帝,据说神宗皇帝看了落了眼泪,说我的新法目的是为国家好,国家好了,老百姓也会好,想不到发生这样的灾难!

于是神宗皇帝开始感到过去对旧党的惩罚太重,要把旧党人才召回,来调和新旧两派的关系,对新法进行调整。这一年苏东坡被召回汝州安置,苏东坡上书请求到常州宜兴安置。批复迟迟不下。只好往京城出发。一个月后,突然传来神宗重病的消息,太后摄政,接着又得消息,神宗驾崩,朝廷同意苏轼到常州安置。东坡一家人立即南下。

原本是"十年归梦寄西风,此去真为田舍翁"。苏东坡打算在太湖之滨安度晚年,不料,这一家大大小小二十多口人刚刚经过一个多月奔波到达宜兴,路途劳顿还没恢复时,又接到朝廷任命,要他到登州(即山东蓬莱)做知州。这对苏东坡来说本来应该是一个天大的好消息,家人们都对这新的任命高兴得跳起来。惟有苏东坡不以为然,他为不能悠游田园而叹息。

六月间便举家北上,想不到到任五天,新的命令又到了,要他立即进京,另有重用。可就在这五天里他还是给登州留下了很多政绩,还看到了海市蜃楼。

于是全家又转往京都,一会儿水路一会儿陆路,赶到京城时已是大雪纷飞的隆冬了。

当时新皇帝哲宗只有9岁,一切政令由太皇太后(英宗的皇后)做主,苏东坡被任命为四品中书舍人,掌管朝廷各部官员的挑选和任用，可以说是否极泰来、扬眉吐气的时候到了。

苏东坡在京城的老宅早已卖了，现在立即买了新居，在达官贵戚的住宅区，优越的物质条件和黄州的清苦真有天壤之别。

但苏东坡并没有忘乎所以，对人生的苦与乐，苏东坡经过黄州的修炼早已看得淡了，他知道人生苦乐全由个人主观感受而定，他倒很留恋黄州时期自由自在、闲云野鹤的生活，对生活的苦与乐他有着清醒的认识。他写了一篇说"苦与乐"：

乐事可慕，苦事可畏，皆是未至时心尔。及苦乐既至，以身履之，求畏慕者初不可得，况既过之后，复有何物？此之寻声捕影、系风迩梦尔……

进京后的苏东坡有三件风光的事。首先，他可以替皇帝起草圣旨，能够按自己的意愿办事了。他拟的第一道圣旨是惩治曾经陷害他、欲置之死地的李定，削去一切官职，因为他过去隐瞒母丧不报，要他重新戴孝三年。

第二道圣旨是贬吕惠卿，此人是王安石提拔起来，却又抓住王安石在给他信中说"我这话不要让皇上知道"的把柄，陷害王安石。

在圣旨中苏东坡这样写道："始于知己，共为欺君。喜则摩足以相欢。怒则反目以相噬。……党与交攻，几半天下。"意思是，你们这些人好的时候一起欺骗皇上，不好时互相狗咬狗，结党营私，几乎半个天下。

不久，东坡被提升为翰林学士知制诰，这是仅次于宰相的副宰相职位，是三品大员了。进京不到一年，又连升三级，可谓青云直上。

第二件事是给小皇帝做老师。

做皇帝的老师,做帝王师是每一个中国古代知识分子所梦寐以求的。

苏东坡做皇帝的老师,开始尽心尽力地侍奉幼主,他将汉朝到唐朝的政治历史编成了一本教材。他认为君王学习的目的与大臣不同,大臣为应付考试,君王不必应付考试,但要有全面知识,也要让他有兴趣,自己苦学。可惜这位幼主并未领会老师对他的教导,八年后镇压元祐党人的就是这位幼主,把苏东坡贬到儋州的也是这个幼主。

第三件事,就是主持科举考,做主考官。这是为国家选拔人才的大事啊!

三件事,一起草圣旨,二做皇帝老师,三出任主考官,这三件事,只要有一件,就可以荣耀一辈子了,何况这三件事都给苏东坡占了。

还有一件在当时社会更风光的事呢!

有一天晚上,苏东坡正在翰林院静坐,太皇太后宣他进宫草拟诰命,由于司马光病重了,太后决定吕大防继相位,东坡写完后太后突然问他:

"你前年为何官职?"

苏回奏:"黄州团练副使。"

"今天何官?"

东坡不知太后用意,答道:"待罪翰林学士。"

太后问:"你可知道为什么提升得这么快?"

东坡急忙回答:"仰赖太皇太后恩典。"

不料,太后听后却摇头说:"这与我无关。"

东坡改口:"必是皇上恩典。"

太后还是摇头:"也不是皇上。"

这可让苏东坡感到一头雾水,战战兢兢地说:"莫非是大臣推荐?"

太后说:"那就更不是了。"

这也不是,那也不是,苏东坡慌了,急忙辩解:"臣虽不肖,不敢以他途求进。"意思是我不会走后门的。

太后这才说:"我告诉你吧,这是先帝的遗诏,先帝在日,每次读到你的文章,即使在吃饭时,都要放下筷说'奇才奇才,不幸来不及重用'。今天,皇上不过是奉了先帝遗诏来提升你罢了。"

苏东坡听了深为感动,早已是泪流满面了。

小皇帝、太后也哭起来,左右侍臣也都频频拭泪。

太后又命用锦垫赐座、赐茶,要他好好教幼小的皇帝。最后还用御前的金莲烛送他回翰林院。

如此恩遇确实使他毕生难忘。

中国传统社会政治的最大特点就是一朝天子一朝臣。苏的政治命运全在执政者的认识变迁。

这个时候的苏东坡,真是位极人臣,风光无限。

当时是举国都敬重苏东坡,敬重这位一代宗师,以与他交朋友,效仿他为荣,连他自己设计的长筒"子瞻帽"都成了有学问的象征。有人甚至把他与孔子相提并论,有一次苏东坡陪同皇帝到醴泉游玩,正好有艺人在表演,一个演滑稽的小丑在台上自夸:

"我的文章你们永远比不上。"

众艺人说:"何以见得?"

他说,"你没看见我头上戴的是什么?'子瞻帽'!"

皇帝回头看看苏东坡,也跟着笑了。

风光人生

东坡在京城做了高官,闲时当然是宾客盈门,常常开宴会,他们的宴会游戏当然与我们今天不一样,除由自己写的歌词请歌妓唱跳之外,就是以诗词自娱。这时苏门四学士黄庭坚、张耒、晁补之、秦观已正式投到他门下。后来又加了陈师道和李廌,世称"苏门六君子"。

有一次大家一面喝酒一面谈论,谈到前秦有一个旷世才女,窦滔的妻子,也姓苏,叫苏蕙,写了一首璇玑图的回文诗,共841个字,不论正读反读横读斜读,交叉读,或退一字读都能成诗,可读出7518首之多,真是呕心沥血,前无古人,后无来者,尽管有很多人仿效,都不能相提并论。苏东坡说我在黄州倒是写过一首《织锦图》的回文诗,不过只能倒读,读出来大家听听:

春晚落花余碧草,夜凉低月半梧桐,人随雁远边城暮,雨映疏簾绣阁空。

倒过来读是:

空阁绣簾疏映雨,暮城边远雁随人,桐梧半月低凉夜,草碧余花落晚春。

正在这时,四学士之一的秦观秦少游寄来了一首"叠字诗",给大家玩赏。

别离时闻漏转

忆　　　　　静

期归阻久伊思

苏东坡拿来一看,就知道这种佛印体的玄机,佛印经常搞这种好玩的东西,于是高声朗读起来:

　　静思伊久阻归期,久阻归期忆别离,忆别离时闻漏转,时闻漏转静思伊。

要从最后一个字读起,七个字一句,后三个字一接龙。很有意思,诗的字面意思很好懂,是表达对久别亲人的思念之情。

东坡接着说,今天湖上采莲,你我何不也即事和他一首:

　　　　阙新歌声漱玉
　　一　　　　　　采
　　　　津杨绿在人莲

读起来成了这样的诗:

　　采莲人在绿杨津,在绿杨津一阙新,一阙新歌声漱玉,歌声漱玉采莲人。

晁补之也不示弱,早已写好一首:

　　　　力微醒时已暮
　　酒　　　　　　赏
　　　　飞如马去归花

以叠字读来是:

赏花归去马如飞,去马如飞酒力微,酒力微醒时已暮,醒时已暮赏花归。

他们就在这样玩的过程中,进一步提高文学水平;在不知不觉中,提高驾驭文字的功夫。不过更多的时间是读书消遣。有时拿出一套汉书,先是提示三个字,就朗朗地背下去;然后减到两个字,也接着大篇背下去;最后到一个字也接着背下去。

这个时期,整整八年,苏东坡是轻松的、富有的、风光的,但没有什么好诗留下来,上面这些诗,不过是文字游戏罢了。

有人说,"文章憎命达,痛苦出诗人"。如果没有苦难,苏东坡最多也不过是个一流诗人,然而老天要成就苏东坡成为超级诗人,所以悲惨的遭遇已经在等着他了。

一个人升迁,做了大官,也许是好事,但往往也伴随着厄运的到来。苏东坡在元祐元年(1086年)连升五级,树大招风。新的灾难临头了。

潜伏危机

有道是物极必反。虽然苏东坡处处小心,处事尽可能低调。虽然他有太皇太后作后台,但他的本性是那么坦白、真诚,结果是"福兮祸所伏",高兴快乐时潜伏着危机。

至少有三件事埋下了祸根:

(一)批李定、吕惠卿等人种下祸根。

(二)讽刺程颐招惹反对。他俩为了吊唁司马光而发生矛盾,苏东坡骂程颐是"燠糟鄙里叔孙通"。

(三)考试题目引起的争议。

苏东坡来京城不久就主持了两次重要的考试,两次都闹得不可开交。

其中一次是试馆职。所谓"试馆职",就是对已经中了进士的人进行一次考试,考试后才能得到具体职务。

这次考试对策问题,共出了三道,第一、第二道是翰林承旨邓温伯拟的,这第三道题是苏东坡拟的。第三道大意是"学习仁宗皇帝的仁厚、宽博,要效法神宗皇帝的励精图治",最后,三道题都进御览,御笔恰恰点定第三道题。

但就是这道题目引起了极大风波。

程颐的学生朱光庭首先发难,说这道题目是攻击仁宗,又攻击神宗,要效法神宗皇帝的励精图治,就是说仁宗皇帝不励精图治;说学习仁宗皇帝的仁厚、宽博,就是说神宗皇帝不仁厚宽博。于是提出弹劾,要求治苏东坡的罪。

太皇太后看了,不相信苏东坡有讥讽先帝的意思。她明白,这是有人嫉妒,下诏说:苏轼无罪。

当然,苏东坡本人也不甘被人平白无故地诬陷,上书自辩,最后说,这是皇帝最后钦定的。

苏东坡的蜀地同乡吕陶,也为东坡不平,上疏弹劾朱光庭,并揭开"洛蜀之争"的序幕,吕陶说,因为苏东坡开玩笑,讽刺了他的老师程颐,所以朱进行报复。程颐是理学洛派代表人物,桃李满天下,为人刻板,却也是很正直的。在程颐及后来的朱熹眼里,苏东坡是一个轻佻油滑的人,是"浮薄之辈"。不但对苏东坡,对苏东坡的学生也如此。有一天,秦观去请教程颐,程颐劈头问:"天若有情天亦老"是你写的吗?还没等秦观回答,这个程老头就接着训斥道:上天尊严,怎么会老,你怎么能侮辱上天!秦碰了一鼻子灰,不敢争辩。其实这句诗并不是他写的,最早是

唐朝的诗鬼李贺写的《金铜仙人辞汉歌》中的诗句"衰兰送客咸阳道,天若有情天亦老",后来欧阳修借用过,北宋文人石曼卿亦有"天若有情天亦老,月如无恨月常圆"。秦观招来劈头盖脑的训斥,实在是冤枉,因为苏东坡讽刺过程颐,现在程颐的学生们不罢休,一定要报苏东坡骂老师的一箭之仇,继续上奏折攻击。

当时宰相吕公著是个政治老手,善于和稀泥,本来太皇太后要处分朱光庭等,他劝太后不要处分,否则会更结怨的,还是让双方都提升。这件事才平息下去。

虽然东坡对于这样不分是非黑白、无原则调和的做法不很满意,但也不能让太皇太后太为难,也就不说什么了。

然而,两派的矛盾终于结下,最后酿成所谓的"洛蜀之争"。

顺便插一句,其实反对东坡,看不惯东坡的人是大有人在,据说另一位著名的理学家张载也看不惯苏东坡。说他太轻薄,不严谨。

理学家们看不惯苏东坡,因为在他们看来,苏东坡太不讲规矩,太自由化,缺乏法制观念。

李方叔事件

苏东坡做事确实很讲人情,有时太人性化了,也会引出些小的过失和烦恼。元祐三年(1088年)进行科考,苏东坡任主考官。苏门六君子中有一个叫李廌(字方叔)的人也参加这次考试。这个人文章写得极好,天赋极高,有飞沙走石之势。多次向苏东坡请教,但屡试不中,实在是考运不好。他家里又很穷,苏东坡常在经济上帮助他,希望他这次考试能被选上。当时考试就有锁院制度,要关在考试院一两个月,等发榜才放出来。考官们也知道主考苏东坡有个后辈叫李方叔,希望这次不要把他的文章看走眼。因为有"誊录制",考试人的笔迹是看不到的。

苏东坡仔细看了前二十名卷子中,有一卷文字酣畅,文笔波澜起伏,非常杰出,对考官说,这一定是"李方叔"。但是他看错了,拆封后,才知道这人叫葛敏峰。

又寻了一份卷子,玩味很久,认为一定是了,大喜之下,手批数十字,便和黄庭坚说,这张卷子一定是"李方叔"的了,放到状元位置上,结果拆开一看,是章惇的公子章赫的。

这一科,李方叔竟然又名落孙山,这使苏东坡感到很难过,对方叔说,你才25岁,文章又好,气节也不凡,总有一天会出头的。回到家后又立即写了一首长诗给李方叔,劝他"归家但草凌云赋"。黄庭坚也写诗给李方叔,觉得今年没有选出他,是一种失职,"今年将橐佐春室,遂失此人难塞责"。他们都希望李方叔洒脱一点,可是李廌却没有像苏东坡希望的那样。

他考完试回到家时,还没发榜前,曾对家里人很自信地说:苏先生任主考,我的文章不会在第三名后面的。现在落第了,他觉得无颜见人。

他家有个70岁的老母亲,大哭起来,说:"我的儿子,遇到苏轼这样的主考官都不及第,将来还有什么希望。"说完关门进屋了。到晚上吃饭还不见她出房,开门一看,原来已经吊死了。

李廌也是因为受了这个刺激,从此学习也不努力了,行为也不检点了,自暴自弃起来。他写信给苏东坡屡屡抱怨他不用其他办法举荐自己,苏东坡又给他写了一封很长很长的信,说:你的几封信我都读了,你批评我不引荐你,我实在很惭愧。但是古人重的君子之交,互相勉励好好学习,而不要过分地追求利禄,希望你成为一个知礼义的君子,不希望你有愧于道德。意思是

劝他还是不要这样呕呕乎功名。

可是李方叔不但不听,索性奔走权门起来。苏东坡还是很理解他,再次写信给他:"有文如此,何忧不达,相知之久,当与朋友共之,至于富贵,则有命矣。……务安贫守道,使志业益充,自当有获。"

苏东坡理解他,认为他之所以急着走权门,想做官是因为穷,要钱也很正常,所以一面劝他,一面在经济上周济他,自己没钱时,甚至把皇帝送他的马赠送他,还怕他出卖时,人家以为他来路不明,亲笔立了字据,用心之周到,可谓尽之矣。

但是一个才气足,却性格褊狭的人,虽大力扶持,仍救助不得。苏东坡一面这样劝他,一面也暗暗地在推荐他。可惜由于政治风波,苏东坡自身都不保,终于没有能推荐成功。

李方叔最后是郁郁而终的。

安详人生

了解苏东坡的人，会发现一个很有趣的现象，苏东坡到哪儿都喜欢买房子，或者干脆自己造房子，即使是破破烂烂的，还要尽可能住自己的房子。

造屋

贬谪在黄州时，苏东坡建了一座雪堂。雪堂离东面的土坡，也就是所谓"东坡"一二里地。他在那儿种庄稼收工回来休息，只要走一会就到了。为什么把这屋子叫雪堂？因为这屋造好时，正好下大雪，于是东坡挥起大笔，在屋的四周墙上画满了雪景，这雪堂并不是一间屋，有好多间，都画上雪景，雪中的山，雪中的水，雪中的树木、小桥、屋舍，还有人骑驴在走，还在四周种上柳树、桃树和各种花卉。这画就像我们看到的《清明上河图》那样，是一幅长卷，可惜没留下来。

后来苏东坡被贬到惠州。他在惠州一个郊外，背山面水，小溪潺潺的幽静之地也建过房子。这个屋子很大，据说有二十间，在"白鹤峰"下，造得很讲究，他自己设计，自己找材料，自己建造，自己粉刷，自己装修，造好后起名"白鹤居"。还给其中两间

取了很高雅也很别致的名字,一间叫"德不孤堂",一间叫"思无邪斋"。这"德不孤"、"思无邪"都是从《论语》里选出来的。"德不孤,必有邻",就是说有道德的人是不会孤立的,必然有好邻居好朋友来;"诗三百,一言以蔽之,思无邪",就是说《诗经》三百首的内容、宗旨,用一句话来概括,就是"思想纯正,没有邪门"。过去的堂名、轩名、斋名、都是两个字的,从苏东坡开始有三个字的了。

他是处处有创造,哪怕是为书房起一个名字,也不肯人云亦云。

苏东坡还亲自写了匾,挂在堂上。你看现在谁建的房屋有他那么雅了。建这屋花了将近一年多时间,所用资金来源于弟弟在汝州时给他的钱,以及自己几乎所有积蓄。东坡因此"尤为自豪,无少愧于民于官也","某起宅子,用六七百千,囊为一空"。可惜刚搬去没多久,上面就又下了命令,把苏东坡贬到海南岛去了,那时叫琼州、儋州。

为什么又叫他搬呢?据说是因为他过去的好朋友、现在的政敌章惇看到了苏东坡的两首诗《纵笔》和《食荔枝》:

　　白发萧散满霜风,小阁藤床寄病容,报道先生春睡美,道人轻敲五更钟。

　　罗浮山下四时春,卢橘杨梅次第新。日啖荔枝三百颗,不辞长作岭南人。

章惇一看,好你个苏东坡,到现在还那么舒服啊!又是吃荔枝、杨梅、卢橘,又是"春睡美",连那和尚怕惊醒你,钟都敲得那么轻,还要"不辞长作岭南人"。那好吧,再给你贬到远一点的地方,贬到中国最远的岛上去,看你还"春睡美",看你还能"长作岭南人"!

孔子有一次发牢骚,说"道不行,乘桴浮于海"。我的一套行不通了。我还是到海外去吧。他是自己想出海,没去成,现在苏东坡被迫跨过海峡,来到了海岛。

苏东坡接到命令,没法,只好离开白鹤居,离开这"德不孤堂"和"思无邪斋"。他让新屋给苏迈一家住,自己带着小儿子渡海而去。

老天保佑,他渡海的那天,风平浪静,阳光灿烂。第一次跨海,苏老先生激动不已,留下了不少诗篇。

到了海南岛,刚去时有一个叫张中的县太爷久闻苏东坡的大名,素来敬佩苏东坡,便腾出官衙的一间空置的屋子让他住。结果被上峰知道,狠狠批判了张中,把他给撤了。苏东坡就被迫躲在桄榔树下遮风避雨,日晒雨淋,一面又开始建造房子。在当地农民帮助下,又很快造好了五间房子,有会客厅,有卧室,有书房,起名就叫桄榔居,还在外面写了匾:苏宅,桄榔居。就在这里苏东坡度过了漫长的三年。

有趣的是,这间屋子在一家牛栏的西面,因为到处是树木,常常迷路。有一次,他在朋友家喝了点酒,有点恍恍忽忽,迷路了。问路人,当地人也说不清。苏东坡一想,我家不是在牛栅栏的西面吗,找到牛粪就能找到归路。终于沿着牛屎的方向回到了家。回到家后,便高兴地写了一首诗:

　　半醒半醉问诸黎,竹刺藤梢步步迷。但寻牛矢觅归路,
　　家在牛栏西复西。

三年后,由于政局的变化,65岁的苏东坡终于渡海,翻过大

庾岭,回到了常州,在过大庾岭时,他遇到一个老人,老人听说是苏尚书,连连说,好人好报。苏东坡写了一首诗送给他:

鹤骨霜髯心已灰,青松合抱手亲栽。问翁大庾岭头住,曾见南迁几个回?(《赠岭上老人》)

当他决定在常州终老时,又开始托人买田买屋。不料还没有买好,却在租借的顾塘桥藤花旧馆孙氏屋离开了人世。

"此心安处是我乡"

现在我们要问为什么苏东坡要这样热衷于建屋买屋?

这里有一个道理。

苏东坡认为"到处可以是家",虽然生在四川,但海南也可以是我的家,有了自己的屋就可以安定。他设想自己不是出生在四川,也没到过开封,就是出生在黄州、惠州、海南的一个秀才,屡试不中。这样不是很安心了吗?这是对人生、对宇宙深刻理解后的感悟,是一种达观的心态。

苏东坡有一句诗"此心安处是我乡",家在哪里,心安在哪里,哪里就是你的家。

相传唐朝有一个和尚,能预卜吉凶,非常灵验。归州刺史说他妖言惑众,把他抓了起来,审问他,问他是哪里人,他便在状子上写了一首诗,题目叫《上归州刺史代通状二首》(通状即状纸):"家住闽山西复西,山中日日有莺啼,如今不在莺啼处,莺在旧时啼处啼。家在闽山东复东,山中日日有花红,而今不在花红处,花在旧时红处红。"

——黄玉峰说苏轼

你问我家在哪里？我告诉你，我家在闽山西边的西边。
你问我家在哪里？我告诉你，我家在闽山东边的东边。
一忽儿西，一忽儿东，到底是在哪里还是没说。
其实他说来说去，只说了一句话，是在说我和尚没家，到处是我家。
和尚没有家，但到处是家。有一天，一个小和尚请教老和尚："迷路的人，没有回到家时他在哪儿？"老和尚说，他不在归途中。
迷路了，当然不在归途中。
小和尚又问，那么如果他回到家呢？老和尚说，那么他正在迷路。
怎么到家了反说正在迷路呢？
是啊，老和尚的意思是，他自以为到了家，其实并没有到家。在老和尚看来，心外无物，家就在你的心中。哪里安心，哪里就是你的家。那几弄几号几室，就是你的家吗？是的，是你的家，但如果你的心不在那里，那里就不是你的家！过去有句话，女以男为室，男以女为家。也就是说心安了，家就在那儿。心不安，你以为到家了，恰恰在迷路。
苏东坡所说的"此心安处是我家"也正是这个意思。
就因如此，苏东坡每到一处就建一处房子，以便使自己的心能安下来。
苏东坡刚到儋州就说过这样的话：

他年谁作舆地志！海南万里真吾乡。（《咏海南》）

意思是，如果将来这里要编县志，那一定要把我编进去，就

说这就是我苏东坡的家乡。

> 九死南荒吾不恨,兹游奇绝冠平生。(《六月二十夜渡海》)

对被贬海外,苏东坡换一个角度看问题,我权且把这次来当作是一次公费旅游吧。"兹游奇绝冠平生",而且这是一次我平生最奇最惊险的旅游。多棒!什么烦恼都没了。

对生死,苏东坡也看得很自然,很平常。认为死是生命的另一种形式,生要珍惜,死亦很坦然。这样就可以达到一种逍遥的境界,他就没有什么担忧的。活得很轻松、很坦然。他小时候看庄子的书,就曾叹息道:"吾昔有见于中,口不能言,今见《庄子》,得吾心也。"(苏辙《亡兄子瞻端明墓志铭》)

庄子有一个故事特别打动他。

庄子的妻子死了,惠施去吊唁,见庄子正在敲着簸箕唱歌。惠施说,你也太过分了,妻子为你生了孩子,苦了一辈子,你不哭也就罢了,为什么还要高兴得唱起来。

庄子说,是啊,她刚死的时候,我有点悲伤。但一想,她在没出生前原来是一股气,也许连气也不是,是"无"。后来从无到有,无中生有,有了气,又有了她。在世上活了几十年,辛辛苦苦,活得不太舒坦,现在回去了,不是很好吗?为什么要哭呢?

佛家和道家一样是把死看作是生命的另一种形式的。

你想一个人把生死都看淡看穿了,还要什么可怕的呢?还有什么不心安的呢?

我们过去不重视心理的作用,其实心理因素的作用大得很呢。有些心理作用的神秘现象,我们也不要轻易否定。我们在自然面前还是小孩子,人类不能太骄傲。

——黄玉峰说苏轼

苏轼第一次到杭州时,有一天和友人同游,到寿星院,一进门就觉得景物非常熟悉。他告诉同游的人,如果他所记不差,登上九十二级石阶,便到"向忏堂",还把寺院后的楼台庭院、一木一石说得历历如见,后来证实他说的丝毫不误。他在笔记中详细记了这件事。他还有一种想法,认为自己一切遭遇与唐朝的白居易大多类似。

融入海南

到了海南岛,年已六十多的苏东坡一开始不习惯,生活艰苦不用说,吃的不习惯,气候不习惯,朋友没有也不习惯,每月只有一条船过来。但苏东坡很快心安了,适应了。当苏东坡的心安下来时,他就把这里当作家乡,就努力为这里的乡亲们办事了。

他看到这里的农民大多吃薯类、芋头,不善种稻谷,就托人从中原带来种子,教他们种。

他看到插秧弯着腰很苦,就把过去在黄州发明的秧马介绍过来,搞机器插秧。

他看到这里歧视女人,重活大多女的干,就进行宣传。

他还在那里办教育,教了好多学生,一个叫姜唐佐的后来中了进士,这是海南有史以来第一个进士;他反对对少数民族黎族的歧视,与当地官员商议如何改变民族不平等的措施;他在海南交了各种各样的朋友。

有一个老太太见苏东坡这么热情慈善,没有架子,就问他:"苏先生,你过去做翰林时,那么风光,现在成了这样,你是不是觉得人生像是一场春梦呀!"苏东坡听了大吃一惊,不想这样蛮荒之地的老人,也能说出如此富有哲理的话来。他心里很高兴

于是一面回答道："是啊,是啊,是春梦。"于是给这个老太取了个绰号,叫"春梦婆",春梦婆的大名很快在海岛上传开了。

元符三年(1100年),苏东坡遇赦,离开了海南北上。十一月,他离开广州乘船赴永州,走到英州时遇到郑侠,就是那个画难民图的郑侠。这时朝廷又下达复官命令,再提举成都玉局观,于是苏东坡离开英州,过韵州。第二年的除夕,苏东坡一家就在广东这个小镇度过。一家人在灯光里回想他们流落天涯,前后已有七年,家人契阔死生,丧亡九口。

这也许是命吧!

"问翁大庾岭头住,曾见南迁几人回。"不管怎样,苏东坡终于回来了!

幽默人生

一个诙谐的人往往同时是一个性格开朗的人,朋友们都喜欢与苏东坡交往,因为与他在一起,能体会到生活的乐趣。

苏东坡的朋友中有很多和尚、道士、歌妓。特别是与佛有缘、与僧有缘。比如,他36岁去杭州做通判。那年,杭州有360个寺庙,他几乎都走遍了。他的和尚朋友有很多,如参寥、惠明、海月、维琳,关系最随便的是佛印和尚。

与佛印之交

佛印的出家还有一段佳话。佛印原本姓林,字觉老,是饶州(治今江西鄱阳)人。母亲是一个歌妓,长得很漂亮,她嫁了三次,每嫁一次生一个儿子,共生了三个儿子。三个儿子都很聪明。其中一个是李定,就是王安石手下的改革大将。因为母亲死了不守孝,被苏东坡弹劾。其实是李定父亲叫他不要守孝的,因为他娘早改嫁了。还有一个就是佛印和尚。所以佛印与李定还是同母异父的兄弟呢!

佛印在出家前就是苏东坡的好朋友,他一直认为佛印有佛性,应该出家,佛印说谈谈佛法可以,出家才不干呢。苏东坡想

了个办法,他对佛印讲神宗皇帝长得怎么怎么英俊潇洒、气质高贵,非同一般人。说得佛印很想去看看,苏东坡说好啊,找个机会,我推荐你去见见皇帝。皇帝喜欢谈佛,苏东坡说,我有个朋友对佛法很精通,可请他来谈谈。皇帝同意了。佛印见皇帝,就偷眼看,确实长得风神俊美,气质高贵。皇帝也注意到佛印了。这位青年人便滔滔不绝地把佛学理论说得天花乱坠。皇帝听得入了神,给他的印象就觉得面前站着的是一尊佛。就顺便说了句,这样吧,我赐你一张度牒,给你一个法名,就叫佛印。度牒就是和尚的执照。

其实这个风流才子,不过是赶时髦,谈谈佛罢了,没想到皇帝赐名,这下事情闹大了,弄假成真,骑虎难下,不得不跪下来谢恩。从此,剃发为僧,做了和尚。所以心里一直怨恨苏东坡。

不过,这只是个传说。据记载,佛印的名字确定是神宗起的,但他原先就是个和尚,法名了元,是个风流和尚。

苏东坡为此总是要笑话他,于是两人常常斗机锋。斗机锋就是两人用佛或禅的思想语言斗嘴,以显示各人的道行之高。《五灯会元》记录了苏东坡与人斗机锋的故事。一次,他见到一个玉泉禅师,禅师问他"尊官高姓"。苏东坡说:"我姓称,即称一称天下长老的称。"玉泉禅师知道他又在和自己斗机锋了,立即大吼一声,问道你称称看,我这一声吼有多重?苏无言以对。

有一次,苏东坡去看佛印,佛印赌气地说,这里可没有你的座位啊!苏东坡说,那我就拿你的四大当座位。所谓四大,就是风、火、土、金。古人认为世界由这四大组成,你的四大,就是你的身体,因为身体就是由四大组成。意思是我要坐在你的身上。佛印说,我下面说的话,你如果回答得出,你就坐,如果回答不出,那就把你那条皇帝赐的玉带给我。苏东坡说,好啊!佛印说:"四大本空,五蕴非有,你到哪里去坐?"

这一下子把苏东坡给问倒了。苏东坡只好解下玉带。据说这玉带现在还在镇江金山寺,是他们的镇寺之宝。

还有一次,佛印讥笑苏东坡,说他学了这么久的佛,还是猴子屁股坐不定,缺少定力,一天到晚东跑西跑。苏东坡有信佛的家族史,他父母都信佛,他从小就礼佛,听他这么一说,心里有点不高兴,一气之下,与佛印打赌,说自己一定能坐百日,练出定力。他在江边小屋里一坐就是三个多月,自诩定力之深。于是写一首诗给江对岸的佛印,说:"稽首天中天,毫光照大千。八风吹不动,端坐紫金莲。"八风指的是"称、讥、毁、誉、利、哀、苦、乐",即肯定、讥讽、诬蔑、荣誉、有利、悲哀、受苦、欢乐。意思是你看快一百天了,我的定力怎么样?佛印收到这封信,就在信上批了两个字,叫送信的人退回去。苏东坡接到回信,打开一看,见是"放屁"两字,气得要命。马上叫了船过江,去评理。佛印见他怒气冲冲,便笑着相迎。东坡说,我们是至交好友,你即使不认同我的修行,也不该骂人。佛印说,我骂你什么?东坡把原件给他看,佛印一看哈哈大笑,说,你不是说"八风吹不动"吗?怎么连这么点微风就把你吹过江来了呢?于是在纸上刷刷刷地写了两行字"八风吹不动,一屁过江来"。你看坐了三个月,一动不动,可是我一个"屁"字,你就坐不住了,你看你的定力怎么样?

苏东坡自觉定力不够,缺乏涵养,心中暗暗惭愧,不过总想找机会报复佛印。

佛印原是个风流才子,做了和尚,照样要偷偷吃荤腥。有一次,苏东坡去看他,刚进大门,就闻到一股鱼香。佛印听说苏东坡来了,赶忙想把鱼藏起来,藏之不及,拿起和尚敲的磬,在碗上一盖。刚盖好,苏东坡就踏了进来,苏东坡早就闻到了鱼腥味,

坐定后灵机一动,便问佛印说,别人问我一联,我一时想不起下联了,请你帮我回忆回忆。佛印说我有事,你快说,说了就走。苏东坡说了上联:"向阳门第春常在",佛印一听这个东坡怎么老糊涂了,这么通俗的对联都记不得了,为了早点打发他快走,就应声答道:"积善人家庆有余。"话音未落,苏东坡指着桌上的"磬"说,不错,"庆有余",磬下一定有鱼。说着掀开磬,果然下面有条鱼,佛印无话可说,苏东坡大吃一顿,飘然而去。

有一次东坡与佛印一起坐禅,坐了一个时辰,东坡觉得身心通畅,内外舒泰,忍不住问佛印,你看我坐禅样子如何?佛印说:像一尊佛。东坡高兴得很。佛印问,你看我坐姿如何?"像一堆粪。"佛印听了一笑置之。回到家,苏东坡把这件事告诉妻子。妻子说,你又输给佛印了。禅讲心性,心中有佛,所见皆佛;心中有粪,才视佛为粪呢!苏东坡听了羞愧不已。

又有一次,苏东坡问佛印,观音菩萨手里拿着佛珠干什么?答,他在求菩萨保佑。问,求哪一位菩萨保佑?答,求观世音菩萨保佑。问,他自己是观世音菩萨,怎么要求观世音菩萨保佑?

你知道佛印怎么回答?

"求人不如求己。"

交友趣闻

(一)"大****宴"

苏东坡与朋友交往,特别爱开玩笑,以增加生活的乐趣。

有一次苏东坡对朋友刘贡父吹嘘,自己与弟弟子由过去怎么怎么苦读,说常常吃"三白饭",但感到其味无穷。刘贡父问,世间只有"八珍八宝",没听说有"三白"。苏东坡说,那"三白"就是一碗白饭,一根白萝卜,一撮白盐。刘贡父听了记在心里。过了一段时间,刘贡父写来一封信,说邀请苏东坡吃"大晶宴"。苏东坡想我阅历不浅,但还没听说"大晶宴"。也许贡父读书多,必有出处。苏东坡兴冲冲地赴宴去了,到开饭时见桌上只有一撮盐,一根萝卜,一碗饭。这才悟到这个家伙在戏弄自己,苏东坡二话没说,低头就吃,故意吃得风卷残云,狼吞虎咽,津津有味。过了几天,他也写了一张请柬,说要请刘先生赴"大毳宴"。贡父虽然猜到他也在开玩笑,但不解这"大毳宴"到底是怎么回事,要看看苏东坡到底在玩什么花样,所以还是骑了马,前去赴宴了。到了苏东坡那里,苏东坡就与之闲聊。过了午饭时间,见苏东坡还是不开宴,肚子里早已咕咕地叫了,又等了一会儿,实在忍不住,问老苏,你不是请我来吃"大毳宴"吗?怎么已经是下午了还不开饭?苏东坡说,等等,等等。又过了一个时辰,还不见"大毳宴"端上来。贡父实在饥不可忍,再问苏东坡到底什么时候开宴,说你可不能失信啊!苏东坡这才说:"我没失信啊!这'大毳宴'不是用过了吗?"贡父生气了,说你怎么大白天说谎话,我饿到现在,怎么说吃过了呢。苏东坡慢条斯理地说,这"大毳宴"就是饭也毛,萝卜也毛,盐也毛(当地人说"没有"叫"毛")。刘贡父也不禁捧腹大笑,说,我知道你会报复,没料到你这么个报复法。东坡一面笑一面叫人准备酒菜,一直吃到晚上才散去。

(二) 沾泥絮

参寥是一个很正经的和尚,又是一个诗僧,诗写得好,和苏东坡关系很好。苏东坡在黄州时,参寥不远千里去探视,一住就是一年多,与他一起种地。后来东坡到惠州,参寥又派小和尚前去送信送诗,使东坡十分感动。但苏东坡总要和他开玩笑。有一次,来了一个叫马盼盼的歌妓,会写诗,又长得极美。苏东坡

故意叫她去引诱参寥和尚,马盼盼写了一首诗给参寥,表示自己对参寥的爱慕之情,参寥不为所动,立即写了一首诗还她:

寄语东山窈窕娘,好将幽梦恼襄王。禅心已作沾泥絮,不随春风上下狂。

意思是你还是去挑逗别人吧。我的心就像落在泥地里的柳絮和花瓣,再也不会随着那轻飘的春风那样上下摆动了。苏东坡听罢,佩服他的才思敏捷,更佩服他的为人了。

(三)上茶与死秃

不过有时幽默也表现为善良的讽刺和批评。苏东坡有一次穿着平民衣服去莫干山考察,到一小寺庙小坐。寺中主持和尚见来了个陌生人,就淡淡地说,"坐,茶"。两人落座交谈,主持和尚发现此人满口珠玑,心想不是一般人,就请客人进厢房叙谈。入座后,客气地说,"请坐,上茶"。再一打听,原来是苏东坡,这下忙着打拱作揖,"请上坐,上香茶"。临走时,他请苏东坡题一对联,苏东坡欣然答应,早已想好了,一挥而就:坐、请坐、请上坐,茶、敬茶、敬香茶。弄得主持哭笑不得。

苏氏幽默甚至有点像恶作剧。东坡在杭州,一日无事,游山,只见一个小和尚跪在庙前泪汪汪。问他,小和尚哭诉因打碎灯盏,罚跪三日。苏去见方丈,方丈见是苏大人来访,喜出望外,寒暄后,乞墨宝。苏说,写字可以,让跪着的小和尚给我展纸磨墨。老方丈连声应诺。苏奋笔疾书:"一夕化身人归去,八千凡夫一点无。"老和尚很高兴,想苏东坡在夸我没有一点凡心,总有一天能化成佛,到西天而去。老和尚把对联挂在厅上,向人炫耀。过些日子,佛印来了,看了哈哈大笑,问为什么笑?佛印要纸写了两个字,即拂袖而去。你说他写了两个什么字?

"死秃。"

(四)河东狮子吼的故事

取绰号其实是一种智慧的表现。苏东坡特别喜欢给人取绰号。苏东坡有个好朋友叫陈慥,字季常。年轻时陈慥是个很浪漫的风流才子,曾经让歌妓女扮男装,骑着马招摇过市,引得小镇上的人围观。后来信了佛,性格完全变了。苏东坡在黄州时,过去的朋友因为怕牵连,有的疏远了,而陈慥却与苏东坡更加亲近了。他们经常在一起谈学问。陈慥的妻子柳氏,生性好妒,脾气又坏,陈慥很怕她,每当宴会,若是有歌妓在场,柳氏就醋劲大发。有一次他和苏东坡一面喝酒一面谈论佛学一面看歌妓唱歌跳舞,正在兴头上,突然柳氏就在屋内拿起木棍猛烈地敲墙,并且大叫大吼。陈慥便匆匆结束宴会,乖乖地进屋去了。为此苏东坡写了一首诗讥讽他:"龙丘居士亦可怜,谈空说有夜不眠;忽闻河东狮子吼,拄杖落地心茫然。"

本来"狮子吼"一词,佛家用来比喻威严。据说佛祖诞生时,一手指天,一手指地,作狮子吼:"天上地下,唯我独尊!"陈慥的妻子姓柳,杜甫有句诗:"河东女儿身姓柳。"所以,苏东坡以"河东"二字暗指陈慥的妻子。这真是一箭双雕。陈慥字季常,从此以后,"季常癖"、"河东狮",分别成了怕老婆者和妒妇的代名词,流传千古。

(五)歌妓李琪

宋朝社会官员的俸禄很高,知识分子的待遇也高,赵匡胤在黄袍加身,杯酒释兵权时,就对这些官员、军人说,你们把军权都交出来,自己好好去买田买地买房,多养些妻妾歌妓,享受人生。所以当官的、有钱人家家有家妓,成了风俗,成了习惯,就见怪不

怪了。苏东坡相对讲在当时官场上算是比较清高,但也难以免俗,常常给歌妓写诗。他快要离开黄州时,朋友们设宴给他饯行。宴会上,有一个叫李琪的歌妓,一直想叫苏东坡题字,但因为怕羞,别人都已叫苏东坡题了,自己还没有。她想再不让苏先生题,就要错过机会了。于是鼓足勇气,走到苏东坡面前提出请求。苏东坡一看原来是个很腼腆的姑娘,于是拿起笔在她的白丝巾上写了两行:"东坡五年黄州住,何事无言及李琪。"写好后,就放下笔,与家人笑谈去了。围上来的人一看,这诗写得实在太平常,而且还只写了一半。到酒席将散,苏东坡正要跨出大门时,李琪急了,走上去说先生你还没写完呢。苏东坡笑着说:"哎呀,我险些忘了。"接着拿起笔写道:"恰似西川杜工部,海棠虽好不吟诗。"所有在场的人都拍手叫绝。杜工部就是杜甫,杜甫在四川住了好多年,咏了很多花,就是不咏海棠,别人问他为什么不写海棠,他说海棠花太美了,我写不好(一说是因为杜甫的母亲叫海棠)。苏东坡这首诗巧妙地借用了这个典故说:我在黄州五年,为什么没给你写诗呢?因为你太美了。

这下李琪出名了,名字传了九百年,到今天我们都还知道。

(六) 龙口汤泉

有一次苏东坡到庐山去玩,庐山脚下有一个温泉,当时叫石龙首汤泉。唐代庐山寺庙有个和尚,叫可遵,是禅宗六祖慧能的传人,他写了一首诗,题在汤泉壁上。苏东坡看了,觉得有一首诗不错:

> 禅庭谁作石龙头?龙口汤泉沸不休。直待众生尘垢尽,我方清冷混常流。

意思是这寺庙里的石龙头是谁建的?这龙口的温泉一直不

停地沸腾,一直要等到大家把身体都洗干净了,我才和污水一起流走。

这是借泉流写出一种献身精神。我苦苦修持佛理,就是为了帮助世人解除心头的困惑、痛苦,净化人的心境。倘若众人尽洗身上的尘垢,汤泉混入常流也无憾;倘若众人尽破心头烦恼,我不被视为得道高人又有何妨。地藏王菩萨曾发大愿心:"地狱不空,誓不成佛。"这首诗有点这个意思。所以,苏东坡见了,觉得这诗不错,想赞扬一句,并开个玩笑,他在边上题了一首诗:

石龙有口口无根,自在流泉谁吐吞?若信众生本无垢,此泉何处觅寒温。

这是说你的诗不错,但这石龙头有口没根,没身体,温泉是自己在流的。如果大家不来洗或者说大家本来很干净,那要你温泉有什么用?慧能名偈:"菩提本无树,明镜亦非台。本来无一物,何处惹尘埃。"人是四大皆空,本来就没有,那怎么会有灰尘?

苏东坡是借这首诗在开慧能的玩笑,指出佛经里也有自相矛盾的东西。

交友之道

2002年上海高考语文古文部分就考了苏辙写的《巢谷传》,巢谷是苏氏兄弟的好朋友。苏氏兄弟被贬到岭南和海南,巢谷从千里之外的四川赶来探望,当时他已经七十多岁了,走了大半年,先来到了岭南,见到了苏辙,他还要跨海去见苏轼,苏辙劝他

别去了,他还是要去,苏辙从仅有的一点钱中分出一部分给他,结果在路上被偷了,后来小偷在新州被抓了,要巢谷去新州领钱。巢谷得了病,死在半路上了。那次高考的最后一道题问:这件事反映出什么精神?

标准答案是:古道热肠。

像这样的朋友苏东坡还有好多。就是靠了这么多的朋友,苏东坡才能快快活活地走完六十五年的人生道路。

交朋友对一个人来说是十分重要的,不可设想,一个没有朋友的人如何生活在这个世界上? 一个人的朋友多不多、朋友之间的关系真不真,就能看出这个人的素质!

翻开苏东坡的文集,他给朋友写的信写的诗占了一大半。在不断的交往中才能加深理解、增进感情。

苏东坡对朋友之间的幽默、开玩笑不是一个形式,是一种真情的反映,一种随和的反映。

苏东坡的交友之道,有很多很多值得我们咀嚼的地方。

慈柔人生

有句话叫"血浓于水",就是说,亲情对一个人来说是很重要的。但事实上,很多人并不重视亲情,父子、兄弟、姐妹往往会为了一些琐事或为了一些利益而反目成仇。

兄弟情

在《论语》中,孔子说过这样一句话:"兄弟阋于墙,而外御其侮",意思是兄弟们内部要团结,一致对外。可见当时兄弟之间的关系也确实不容易处好,所以夫子才会这样警示。

兄弟团结,一致对外,自然是一种境界。但如果兄弟情深,不是为了对外,而是相濡以沫,互相勉励,互相促进,互相支持,互相批评,同时又尽可能与他人和谐相处,这便是更高的境界了。

苏氏二兄弟,可以说已进入了这样的境界。

苏轼的父母一共生了三男三女。苏轼在男孩中排行老二,所以又名仲和,仲就是老二;苏辙是老三,又名叔同。

苏轼有个哥哥叫景先,大约在苏轼三四岁时夭折了。所以,苏轼只有兄弟俩,苏轼曾写诗说:"嗟予寡兄弟,四海一子由。"当

时只有一个兄弟就大叹其气了,可怜我们现在的孩子大都连一个兄弟都没有。

苏氏二兄弟,在嘉祐元年即公元1056年,进京赶考,哥哥20岁,弟弟17岁,双双考中了进士。真可谓"一门两进士,两代三文豪"。兄弟俩从小就一起读书,一起玩耍,有一个时期哥哥还担任起"老师"。苏辙在哥哥的墓志铭中就写道"抚我则兄,诲我则师"。哥哥性格豪爽,敏捷开朗,弟弟遇事谨慎稳重。做官后他们之间时分时合,但一直靠通信、诗词、文章交流。

兄弟俩离离合合,一辈子大的离合大约有八次。

嘉祐六年(1061年)十一月,26岁的苏轼到凤阳去做官,开始步入他的官宦生涯,带着妻儿,惜别父亲西行,苏辙留在父亲的身边。苏辙一路送兄,送到郑州,送了几百里,这是兄弟俩第一次离别。

苏轼回头看见弟弟瘦高的身体,在马上一起一伏,头上帽子的飘带在随着山坡忽高忽低忽隐忽显,一直到弟弟的瘦马消失在雪地残月中,他心里颇不知滋味,立即写了一首诗,这也是兄弟俩通信的第一首诗。

有意思的是,这第一首诗的主题竟然是:"我们还是不再做官好。"

亦知人生要有别,但恐岁月去飘忽。……君知此意不可忘,慎勿苦爱高官职。

三年后,苏轼回到京城,由苏轼担任去照顾父亲的职责,苏辙这才到大名府去做官。其实当时父亲也不过五十多岁。

大家都很熟悉苏轼的《水调歌头》:"明月几时有,把酒问青天。"因为最后一句是"但愿人长久,千里共婵娟",大家都以为是写给妻子、写给情人的。其实不然,这首词正是写给弟弟苏辙的。

当时,苏辙在山东济南做官。苏轼在杭州任通判,期满后就要求朝廷让他到北方来,这样可以与苏辙靠得近一点。朝廷同意他到山东密州去做太守。本想顺路去看望苏辙,不料因公事紧急,没能弯过去。兄弟已分别四五年了,这年中秋,秋风送爽,月光如水,苏轼想起弟弟,百感交集,写了这首《水调歌头·中秋怀子由》:

明月几时有,把酒问青天。不知天上官阙,今夕是何年。我欲乘风归去,又恐琼楼玉宇,高处不胜寒。起舞弄清影,何似在人间! 转朱阁,低绮户,照无眠。不应有恨,何事长向别时圆。人有悲欢离合,月有阴晴圆缺,此事古难全。但愿人长久,千里共婵娟。

这首词可以说是脍炙人口。

诗一开始就像屈原那样,举起酒杯问天,月亮是什么时候有的,不知天上现在是哪一年。接着写道,我想到天上去看一看,但估计天上很冷,还不如在人间。这里我们插一段有趣的事,苏东坡很爱月亮,中国的诗人都爱月亮,李白就写过无数首月亮的诗,比如《月下独酌》:"花间一壶酒,独酌无相亲。举杯邀明月,对影成三人。"但只有苏东坡思考过月亮里到底有什么。他曾写文章说,月亮上没什么,只有一些起伏不平的光秃秃的山。现代科学证明,苏东坡的话是言中了。

"起舞弄清影,何似在人间",高处是那么寒冷,在月影下可

以翩翩起舞,比在天上好多了。据说,当时神宗皇帝看到这两句诗,叹口气说:苏东坡心里还是想着朝廷的!诗歌这个东西,妙就妙在各人读到的都不同。

所以,下半阕由月光转移想到人间事。进一步追问:这月亮为什么偏偏总是在人们分别的时候圆?接着苏东坡安慰自己:"人有悲欢离合,月有阴晴圆缺,此事古难全。"这是客观世界的缺陷,不完美是必然的,从古以来无法改变的,所以最后发出深深的祝愿,只有大家都好,共同享受这美好的月光吧。

这看起来在写月亮,其实在写人生,反映苏东坡出世与入世的内心矛盾。人生总是有残缺的。不可能十全十美,后人评价中秋词自这首词一写来,余词尽废。

无论是谁都有不如意的事,我们就要安慰自己在这残缺的、不如意的人生中,高高兴兴地幸福地生活。这里面浸透了苏东坡深刻的人生观。要学会欣赏残缺美。

苏东坡和弟弟在参加科考前,有一天夜里两兄弟床对着床,听着外面的雨声,就相互约定,将来做了官不要留恋,要早点退步抽身,回到家乡一起生活,这就是所谓的夜雨对床的约定。所以在狱中,当误听自己要被杀的消息后,苏东坡还写了两首诗,其中有几句特别动人:"是处青山可埋骨,他时夜雨独伤神,与君世世为兄弟,又结来生不了因。"(《狱中遗子由》)

"彭城"就是现在的徐州,当时他们相别七年,见面于澶渊。苏辙送苏轼到徐州,共同生活一百多天,宿于徐州逍遥堂。苏辙也写道:"逍遥堂后千寻木,长送中宵风雨声,误喜对床寻旧约,不知飘泊在彭城。"(《与兄子瞻会宿》)这就是指他们年轻时就作好约定,将来告老还乡,两人再夜雨对床,一起度过晚年。

乌台诗案时,是驸马王诜把消息告诉苏辙,再由苏辙派人快马给苏轼送消息的。苏轼被捕后,家中所有大小事务都由苏辙一肩挑,苏辙上书皇帝,要求以官职保举哥哥,这篇《上皇帝书》很长,最后几句明确提出要求,"不胜手足之情,欲乞纳在身官,以赎兄轼……但得免下狱死,为幸"。后来,果然因为哥哥的原因,苏辙被贬到筠州,就是现在的江西高安。

兄弟见面时,弟弟总劝哥哥少说话少写诗,更不要写讽刺朝政的诗。苏东坡也知道,但就是习性难改。他们兄弟虽说哥哥的才华比弟弟高,但在弟弟面前哥哥总像是长不大的小孩。再怎么叮咛还是忍不住要说怪话,写诗,惹祸。

刚踏出监狱的大门,东坡又忍不住写诗了:"平生文字为吾累,此去声名不厌低。"自己写好后突然想起弟弟的话,就掷笔于地,自己骂自己怎么总不改!诗人以写诗为生命,怎么改得掉呢!

几年后,苏东坡听说家乡丰收了,自己托人在常州宜兴买田地成功了,高兴得又写诗:

山寺归来闻好语,野花啼鸟亦欣然。(《归宜兴题竹西寺》)

而这时神宗皇帝刚死了两个多月,后来有人便以这个为借口,说他听到皇帝去世的消息,高兴得手舞足蹈。

弟弟苏辙不得不又在朝中为他辩护,他不说因丰收、因买田地的实事,而是抓住新皇帝要听好话的特点和当时时间上的巧合,说当时你皇上刚继位登基,苏轼听到消息后很高兴,知道你是一位英明的君主,所以说"闻好语",这才解了哥哥的围。不料若干年后,苏轼被贬惠州时,这件事还是作为罪状。

东坡被贬惠州再贬儋州,要渡海去海南岛,同时弟弟被贬雷

州。东坡赶到雷州作别。

两人在藤州小饭店见面,因为没有什么好东西吃,子由放下筷不能下咽,子瞻大吃,说,这种汤饼你还要细细品味吗?从此兄弟俩分开,渡海而去,连这个饼也吃不到了,吃的是老鼠和蝙蝠了。这是两人最后一次见面。

现在兄弟俩的诗集里,他们互赠的诗就有几百首之多。

苏轼60岁生日时,苏辙送了他一个放生池,苏辙生日时,苏轼送当地特有的香料、手杖。

东坡去世时,苏辙把全部丧葬事都包揽了下来,其实这时他自己也不宽裕,把苏东坡葬到自己生活的地方,以便扫墓,也经常照顾到他的全家。办完丧事,他还把自己的屋房卖了,把所有的钱交给东坡的大儿子苏迈。对他说,不是万不得已,不要动这笔钱。

苏轼去世前,几度想到苏辙身边,只是因为政治形势变化未去成,留下遗嘱,"即死,葬我嵩山下,子为我铭"。苏辙完全按哥哥的遗言,经长途跋涉,将苏东坡灵柩运到郏县与王闰之合葬。并为他写了长篇墓志铭。

其实兄弟俩的政治观点也不尽相同,有时为一些问题,也互相争论。但他们能坦诚相见,有时也开玩笑,因为弟弟长得又高又瘦,苏东坡就调侃他"宛丘先生长如丘,宛丘学舍小如舟,常时低头诵经史,忽然欠伸屋打头"。成为古今兄弟和睦的美谈。

中国古代兄弟成名的不少,但像苏东坡兄弟那样的实在少之又少。比如三国时曹操的两个儿子曹丕、曹植,都是文学家,但兄弟如仇敌,弟弟还为此写了一首煮豆《七步诗》,叹道:"本是同根生,相煎何太急。"

父子情

苏轼外出做官,弟弟就留在父母身边,情愿不做官;苏辙出外做官了,哥哥就留在父亲身边。母亲死了,回家丁忧二十七个月,父亲死了,再回去丁忧二十七个月。

苏东坡被贬到黄州,他的大儿子苏迈一直陪着,苏东坡被贬到惠州海南岛整整七年,他的小儿子苏过也陪着,照顾他的生活,与父亲一起写诗歌、写文章、下棋、唱歌。所以苏东坡一读到小儿子——历史称之为小坡的诗(有《斜川集》问世),就满面喜色,跷起大拇指骄傲地说:"无此父岂有此子。"

有句话叫"多年父子成兄弟",到后来,苏东坡和他小儿子就像兄弟一样,生活在一起,要知道,这时小坡已二十六七岁,早已成家,家安在常州宜兴。就这样,为了父亲,夫妇分居,和孩子分处共七年之久。

和美人生

家是一个人的生活休憩所,是一个人的精神栖息地,是一个情感避风港。一个人一辈子的生活是不是幸福圆满,很大一部分决定于他的恋爱、婚姻、家庭。

苏东坡一生大起大落,受尽挫折和苦难,但他终于走过来了,除了他的个性旷达外,一个重要原因,就是他有着丰富的感情生活,有着一个和美的家庭。

第一次婚姻

苏东坡的第一次婚姻是在他18岁那年。因为第二年要进京赶考去了,父亲苏洵很有自信,认为自己两个儿子一定能中进士,一旦中了,如果还没有完婚,京城的皇亲国戚达官贵人一定会来提亲,要把自己的女儿、孙女嫁给他的儿子。人际关系到了这个"节骨眼"上,如果不答应又会得罪好多人。再说苏洵这个老头又不喜欢外乡人,他认为最好是本乡本土的,知根知底,知冷知热。所以在他们进京的前一年,就让两个儿子都结婚了。大儿子苏轼妻子姓王,叫王弗,比他小3岁,属兔,当时只有十五六岁。苏辙的妻子姓史,更小,只有十三四岁。

——黄玉峰说苏轼

苏辙和他妻子几乎是白头到老的。而哥哥的妻子王弗在结婚十一年后去世了。

王弗是一个很贤淑、很体贴、很精明的女孩。可以说不但是生活上的伴侣,还是苏轼工作中的出色助手。她一直关爱着自己的丈夫,很内向,与苏轼坦率耿直豪放的个性正好形成互补的结构。

苏轼在读书,她总是静静地坐在边上,陪伴丈夫,可谓"红袖添香夜读书",苏夫人是很有才学的姑娘,但她从不张扬,结婚好多年了,苏轼还不知道她读过好多书。有一次,苏轼背书背到一半,偶然忘了词,苏夫人看他急了,就不由自主地提醒了他一句。年轻的丈夫大吃一惊,你怎么能背出这个艰深的文章的?又问她其他书籍,她居然都能说出个大略来。

王弗看到丈夫交友没有心机,认为天下没有一个不是好人,很为他担心,苏轼也知道自己这个特点,他说:"余性不慎言语,与人无亲疏,辄输写肺腑,有所不尽,如茹物不下,必吐之乃已,而人或记疏以为怨咎……"妻子常常对他说,孔夫子说,"能与之言而不言,失人;不能与之言而言之,失言"。就是说,能对这个人说的不说,这就是失去了朋友,而不能对这个人说的却说,那就是失言了。

26岁那年,苏轼正式走上官场,到陕西凤翔去做通判。当然常有人来拜访。王弗就常常躲在屏风后面,屏息静听。有一天,客人走后,她对丈夫说:这个人讲话总是进一句出一句,模棱两可,"惟子意之所向",在揣摩你的意思,然后顺着你的话讲,顺着你的竹竿往上爬,"子何用与是人言",你费这么多工夫跟他谈干什么呢?

又一次有人来求苏轼办事,客人走后,妻子对他说:"恐不能

久,其与人锐,其去人必速。"恐怕这个人不能和你成为好朋友,你看他一见面就像个老朋友,这样热络,热得快的人,冷得也快。你帮是可以帮他,但不能与他成为好朋友。后来事实证明,这个人果然在苏轼落难时,踏上一只脚。据推测,当时来往的人中,就有将来险些置东坡于死地的章惇。

你看,多么聪明的妻子!在她的眼里,苏轼成了要时时照顾的小弟弟。

有王弗在身边真是苏轼的大幸,可惜红颜薄命,治平二年(1065年),26岁的王弗不幸逝去,据说是误吃了蛇肉,当知道是吃了蛇肉后呕吐不断,溘然去世。留下了一个儿子,年仅6岁,就是苏轼的长子苏迈。

公公苏洵对这个媳妇十分满意,对苏轼说,你妻子嫁给你到今天,还没看到你有大成就,还没与你共享福就去了,你一定要把她运回家乡,和你母亲葬在一起。不幸第二年,苏洵也去世了。苏轼千里迢迢把父亲、妻子的灵柩运回家。你想,几千里路,又走水路,又走陆路,靠两只脚走,多不容易。

葬后,苏轼在王弗墓前种了一千棵小松树,并悲痛地长叹:"呜呼哀哉!余永无所怙。"我没有人保佑我了,我失去了保护神!

王弗虽死,她的叮咛却不时在苏轼耳边回响。在王弗去世十周年时,苏轼被调到密州(今山东诸城),在一个失意孤寂的夜晚,他在梦中依稀见到了久别的妻子,两人我看看你,你看看我,只是热泪滚滚,说不出一句话,醒来后,苏轼写了一首词《江城子》,这是一首任何人读了都会落泪、都会终生难忘的词:

十年生死两茫茫,不思量,自难忘。千里孤坟,无处话凄凉,纵使相逢应不识。尘满面,鬓如霜。 夜来幽梦忽还乡,小轩窗,正梳妆,相顾无言,惟有泪千行。料得年年肠断处,明月夜,短松岗。

这一年苏轼恰好40岁,这首小词写出了一个中年男子对爱妻十年生离死别的悲痛回忆。那新婚时"小轩窗,正梳妆"的美好镜头,写得越细腻,越表达出作者的凄苦心情。这首词开创了用词来悼亡的先河。

有人认为,这首词是他们自由恋爱的证据。说"小轩窗,正梳妆"是从外向内看的画面,说"明月夜"是谈情说爱的时光,并通过实地考察,说王弗的墓地只有樟树而不是短松。这种说法颇有意思,可备一说。

第二次婚姻

苏东坡第二任妻子是王弗的堂妹王闰之,因为排行的兄弟姐妹多,称为"二十七娘"。就在王弗去世后的第四个年头,她成了苏轼的新娘。她比苏轼小11岁,属猪。她是一个更温柔、更天真烂漫的女孩,秉性柔和,遇事随缘,很容易满足。她不像她堂姐那样能干精明,是个典型的没心机的窈窕淑女,什么事都顺着丈夫的心愿。王闰之嫁给苏轼时已20岁了。她小时候多次见到过这位少年英俊的姐夫,对他佩服得五体投地,现在天赐良缘,做了苏轼的续弦,真是心满意足。

王闰之是47岁时死的,跟了苏轼二十六七年,苏轼主要的活动时期、生命最活跃的时期身边都有她在。她为苏轼生了两个儿子:苏迨与苏过,特别令人感动的是,她对堂姐生的孩子视

同己出。她死时苏东坡亲自为她写祭文,祭文中有"三子如一,爱出于天"的赞语。

在中国社会里,做继母是很难的,而王闰之却是主动对苏迈十分关心,比对自己儿子还好,所以苏东坡很感激她,更没有了后顾之忧。

王闰之不会像堂姐那样会提醒苏东坡,她总觉得像她丈夫那样善良开朗,有本事有见识的人,做事不会错,她总是支持他,体贴他。

有一年,苏轼在密州做太守,因干旱,蝗虫成灾,难以扑灭,他心情沉到了谷底,闷闷不乐地在书房踱步。儿子苏迈跑来要与爸爸玩,拉爸爸衣服。平时,苏轼是最喜欢与孩子玩耍的。今天心里烦闷,几次不肯理会儿子。儿子小,不会察言观色,还是缠住不放,惹得东坡忍不住对孩子发火,孩子哇哇地哭着走开了。

夫人王闰之见了,抱过孩子,柔声劝慰他,小孩不懂事,又何必跟他生气。

说着转身递来一壶酒,几碟小菜,对他说,悲有什么用,跟3岁孩子一样傻,喝杯酒开开心。

这件小事引起苏轼深深地思考,把它记在一首题为《小儿》的诗里:"小儿不识愁,起坐牵我衣。我欲嗔小儿,老妻劝儿痴。儿痴君更甚,不乐愁何为。还坐愧此言,洗盏当我前,大胜刘伶妇,区区为酒钱。"

苏轼自己责备自己,平时说要超脱一点,怎么遇事就不冷静了。他为自己没有定力,感情为外界环境所影响而感到惭愧,赞扬自己的妻子比刘伶的妻子善解人意。

苏东坡在黄州落难时写的《后赤壁赋》中也提到这位夫人,

写到过他的朋友打到了一条鱼,可是没有酒,这位苏夫人把早就为丈夫准备好的酒坛捧了出来:"'有客无酒,有酒无肴,月白风清,如此良夜何?'……妇曰:'我有斗酒,藏之久矣,以待子不时之需。'"你看多体贴,丈夫没想到的妻子已为他准备好了。"不时之需",意思是说不定什么时候需要。

可是正因为太体贴了,丈夫在外面乱说乱动,闯了祸也不知道。等到朝廷的人来抓他了,才哭得几乎要昏过去。醒来后把苏东坡的诗文烧掉了三分之二,说就是这东西害了我老公!你说可惜不可惜!

这第二任妻子,还是一个很大度的人,为东坡在杭州买了一个非常聪明的丫环朝云,当时只有12岁,等她长大后,成了苏东坡的侍妾。苏东坡比她大26岁。

朝云的故事

这个朝云,苏东坡说她秀外慧中,美若天仙,天资聪明,颇有慧根,她"素面常嫌粉污,洗妆不褪唇红",轻盈风姿绰约。到30岁时,苏东坡还赞美她两片小嘴唇永远鲜艳欲滴,且体态天生雪白的肌肤,不必借用化妆品。苏东坡学生秦观说她:"美如春园,美如晨曦。"成了一朵绽放的奇异花朵,她才艺过人,琴棋书画无所不能,她成了苏东坡后半生,乃至晚年的红粉知己,精神上的真正挚友。苏东坡甚至称她为"天女维摩"(一尘不染的圣女)。

晚年苏东坡很多好诗都是为她写的,感激她、赞美她,因为朝云是最能理解他的人,与他心心相印。

有一个流传很广的故事,一日东坡退朝,吃好饭以后带着妻子、侍妾、丫环去散步,因为苏东坡人长得比较胖,稍稍有个将军

肚,就摸着肚子问,这里面是什么?有的说这里面是锦绣文章,有的说这一肚子都是见识,东坡说都不对。轮到朝云,她嘲讽地说,学士的那里面啊,是一肚子的不合时宜:别人流行什么,他偏不赞成什么,总是和主流媒体唱反调,不肯与时俱进。苏东坡听了捧腹大笑。

在黄州流放的最后一年,1083年,朝云为苏东坡生了一个儿子,起名遁,小名"干儿",中年得子,苏东坡疼爱非常。中国人原先有个习惯,出生三朝,就是第三天,要给孩子洗澡,要办酒,叫做朝酒,苏东坡就为干儿写了一首有名的《洗儿》诗:

人皆养子望聪明,我被聪明误一生。惟愿孩儿愚且鲁,无灾无难到公卿。

这是自我嘲笑,也是对孩子的祝愿。其中有人生哲理,有社会经验。意思是孩子不要太聪明了,还是糊涂一点好。五六百年后郑板桥就按这意思写了四个字,叫"难得糊涂"。可惜他这个干儿,只活了十个月,不幸在奔波中染上肺炎,抢救无效,在金陵(南京)夭折了。

中年丧子,东坡的痛苦可想而知,他亲自在南京埋葬了孩子,去时,抱着孩子的尸体,葬后,两手空空回来。一路上禁不住老泪纵横。朝云这个年轻的母亲,更是不吃不喝,呆呆地望着挂着小孩衣服的衣架,哭倒床头,说要与孩子同去。东坡在边上不知怎么安慰,作《哭干儿诗》:

吾年四十九,羁旅失幼子,幼子真吾儿,眉角生已似……我泪犹可拭,日远当日忘,母哭不可闻,欲与汝俱亡……

苏东坡自己也感到奇怪,人生如梦早已了悟,为什么事到临头,仍然无法摆脱。人啊!到底是有情物!不久朝云便信起了佛,读起《金刚经》,以后也再没有生第二个孩子。

苏东坡晚年流放到岭南,跟着他的是小儿子苏过和朝云两人。可是朝云在广东惠州染病,忽然身亡。年仅34岁。死前嘴里还在念着《金刚经》中的句子:

一切有为法,如梦幻泡影,如露又如电,应作如是观。

苏东坡遵照她的遗愿,把她安葬在惠州城西丰湖边的一座小山丘上,这里离一座寺庙不远,边上有一座佛塔,坟墓后,山溪落下如同瀑布。苏东坡还为她建了一个亭子,就叫"六如亭"。表示人生短暂:如梦境、如幻影、如水泡、如影子、如露水、如闪电。还亲自在亭子的柱子上写了一副对联:"不合时宜,惟有朝云能识我;独弹古调,每逢暮雨倍思卿。"还写了墓志铭,称她"敏而好义,忠敬如一"。以后还写了很多诗,悼念朝云。

苏东坡还常常与人说起朝云生前的事。那时,当苏东坡心情不佳时,常常要她唱曲子,有一次苏东坡要她唱《蝶恋花》:

花褪残红青杏小,燕子飞时,绿水人家绕。枝上柳绵吹又少,天涯何处无芳草。

朝云唱到"枝上柳绵吹又少,天涯何处无芳草"时就唱不下去。苏东坡问她怎么不唱了,她说我唱不下去了,枝上柳绵吹又

少,就是柳树飘絮,春天去也,所以伤心。她想到丈夫一天天老去,可是还在说"天涯何处无芳草"心里不忍,所以唱不下去了。朝云来到这个世上,似乎就是为了苏东坡而来,12岁来,34岁去了。

"暗恋"东坡的女子

苏东坡一生除了她们三位女性,还有很多"粉丝"。像他这样可爱的人,当然"粉丝"是不少的。

据记载,有一天他在杭州西湖的船上和朋友们喝酒,忽然远远有一只船驶来,船近了,船舱里走出一个绝色女子,对着苏东坡大胆地说,我心里只有您苏先生,希望能为您红袖添香陪伴您左右,可家里已逼着我嫁了人。现在让我为您弹一支曲,唱一支歌,以表达我的爱慕之情。说完就自弹自唱了一支曲,真可谓:声如裂帛,响遏行云。周围的人都感动得屏住了呼吸,唱完以后,她又叫人摇着船渐渐远去。当船消失在人们视线里时,人们才从沉醉中醒来,感叹不已。

在苏东坡心灵最隐蔽的角落里,有一个隐痛,他从小恋着他的堂妹,在他爷爷苏序去世时,堂妹跟着长辈也来奔丧,两人青梅竹马,感情颇深,但因为同姓同宗,不可能成双的。后来她嫁给了柳仲远。苏东坡有好多诗很朦胧,读不懂,其实是在写暗恋堂妹。比如"羞归应为负花期,已是成荫结子时"。后来堂妹死了,他两次写祭文,写得像贾宝玉哭晴雯,凄婉动人。那几天,家人见他伤心地面墙躺着,偷偷哭泣,这是他一生抹不去的一道绚丽的风景线。

更有一件使人黯然神伤的传说。苏东坡到了当时认为的蛮

——黄玉峰说苏轼

荒之地。住在一个草堂里,隔壁正好一个妙龄女子早就听说苏东坡的大名,对苏东坡倾心相爱,愿意以托终身。但苏东坡觉得自己已与她不相配了,年龄相差太大,两人之间已隔了一道墙。就把他的苏门四学子之一,同样才华横溢、风流倜傥的秦观介绍给她,但是那女子居然不愿意,因此郁郁而死。有人说,苏东坡的那首《蝶恋花》就是写她的。

  墙内秋千墙外道,墙外行人,墙内佳人笑。笑渐不闻声渐悄,多情却被无情恼。

  年龄是一堵墙,是不能逾越的墙,苏东坡清醒地认识到,年龄毕竟是一堵墙,要有墙的意识,一定的年龄差距,是不能越过的,中国有句老话,叫做"违天不祥","天理难容",这天就是指自然规律。有的事可以是合法合情,但不合天理!
  可惜那个烈女子却不理解,她的死成了一个使人千古遗恨的悲剧。
  还有一个叫春娘的侍女,也暗暗地深爱着东坡。东坡要被贬到南方去了。因路途遥远,他把家里的侍妾、僮仆遣散一些。
  有一个朋友主动送一匹骏马给苏东坡,说路上有用,可以帮东坡作坐骑,又能为他驮东西。当告别时他向东坡提出一个请求,是不是可以把那个叫春娘的丫环送给他,还写了一首诗:

  不惜霜毛雨雪蹄,等闲分付赎蛾眉。虽无金勒嘶明月,却有佳人捧玉卮。

  东坡想反正要把他们遣送的,给她找一个有钱、有地位、有

才华的朋友,也是一个好去处,也不错,就答应了这个朋友,苏东坡也写了一首诗:

> 春娘此去太匆匆,不敢啼叹懊恨中,只为山行多险阻,故将红粉换追风。(追风代指快马)

春娘其实暗恋着苏东坡,知道这件事后,很伤心,春娘说:"孔子贵人贱畜,而今大人以妾换马,分明是贵马贱人。"

她也写了一首诗道:"为人莫作妇人身,百般苦乐由他人;今日始知人贱畜,此生苟活怨谁嗔。"

然后撞老槐树而死,东坡原以为让她享福,却不想害了她,心中十二分内疚,一万分悲痛,但已追悔莫及了。

这件事后来成了苏东坡终身的遗憾,他怎么也不知道这姑娘的心思,客观上是亵渎了春娘的感情,把她换了一匹骏马!

我们大文豪的"粉丝"实在太多了。

旷达人生

宽容和豁达是苏东坡突出的性格，他不偏执，不狭隘，他反对报复。但这不是他的全部，为了坚持他的人生原则，他又是那样的固执。

宽以待人

有一次，孔子的学生问孔子："有一言而可以终身行之乎？"如果你的学问用一句话来概括，让我们一辈子照这句话做，那将是什么话。孔子回答说："其恕乎！己所不欲，勿施于人。"意思是，理解别人，原谅他人，宽恕他人，自己不愿意不喜欢的也不要强加在他人身上。

在孔子看来，"恕"是仁的核心。"恕"也就是"己所不欲，勿施于人"，现在这八个字已成为联合国教科文组织公认的世界人民共同的道德底线。这是底线，道德是有底线的，底线是人人都应做到，不能突破的。高标准高要求，不是对所有人的要求，高一点的标准，就是"己欲达而达人，己欲立而立人"，自己要成功，也让别人成功；自己能立足社会，也让别人能立足社会。自己考上大学，也设法帮助别人考上大学，这是高标准。一般人做不

到,但"己所不欲,勿施于人"是人人应该去做,也完全做得到的。

"恕"就是宽容。苏东坡一生中,不喜欢偏执,不喜欢报复,不喜欢强加于人,对别人对他的伤害,他总是以宽容的态度去对待。

我们习惯于说这样一句话,叫做:以其人之道,还治其人之身。这和苏东坡的"恕道"不同。苏东坡不喜欢这样。

有这样一个故事。有一次,苏东坡与佛印和尚到寺庙里玩,看到寺庙中的经书上有这样的话,说是念观音的名字会有奇效,你有什么心事,只要每天念多少遍敬爱的观世音菩萨,就能实现你的愿望。比如别人咒你娘要死,你就念观音的名字,结果是骂你的人家反而遭殃,经书上写着"咒咀诸毒药,所欲害人者,念彼观音力,还著于本人"。

苏东坡觉得,观音菩萨大慈大悲,不应该这样报复别人。于是把后两句诗改为"念彼观音力,两家都没事"。一个是要把法力倒过去对付别人,一个是你害我,我不报复,希望两家都没事。

苏东坡不仅宽恕而且豁达,《东坡林志》还记录了这样一件事,表明苏东坡豁达的处世态度。有两个名士,据说气度都很大,一个叫沈麟士,一个叫刘凝之。有一天,刘凝之在路上走,有一个人指着刘的鞋说,这鞋是我的,刘的眼睛看都不朝他看一眼,二话没说,就把鞋脱下来给他拿去了。过了几天,那人找到了自己的鞋,便来还鞋,刘凝之仍然眼睛不朝他看一眼,二话没说,把鞋扔了,弄得那个人很尴尬。同样的事又发生在沈麟士身上。有一个路人指着沈麟士的鞋说,这鞋是我的。沈麟士笑着对他说,你不要弄错呵,这鞋真的是你的吗?那人说是我的,沈麟士就把鞋给了他。过几天,那人也找到了自己的鞋,来还鞋了。沈麟士笑着问,这鞋不是你的了吗?说着把鞋拿来穿到了

——黄玉峰说苏轼

自己脚上。刘、沈的遭遇一样,处理的方法似乎也一样,但后者更有风度,更能体贴理解别人。这两个"笑"字,两句问话,显示了他对人的亲切、理解、豁达、宽容,不使人难堪,苏东坡就喜欢沈麟士这类人,苏东坡自己就是这类人。

还有一件事,很能说明苏东坡能化敌为友,具有化解仇恨的心态。这件事后来也与章惇有关。他有一个姐姐,人称八姐,苏洵有三男三女,苏轼、苏辙是老五、老六,别的哥哥姐姐都很早夭折,只剩下这个八姐。八姐嫁给了他舅舅的儿子程子才。可是嫁出去不久,就死了。苏洵认为是婆家对她虐待致死的,就与程家吵了起来。写了文章到处发,把程家说得一塌糊涂,什么家风不好啊,荒淫无耻呀,等等。于是两家人成了仇人,苏洵立下训词,说从此以后苏家永远不能与程家来往。

最受伤害的当然是苏洵的夫人程氏,但在那个嫁鸡随鸡、嫁狗随狗的时代,程夫人也只能听丈夫的话,失去了女儿,娘家路从此断了,一直到死没与娘家来往。

可苏东坡看在眼里,总希望有一天能够与他们和好。程子才与他也是幼年时代的玩伴啊。

但由于大家都前途各异,人各一方,一直没有机会交流。直到晚年,机会来了,章惇知道程家与苏家的仇,就派程子才到岭南去做长官,以便通过他的手陷害苏东坡。想不到程子才一直景仰表弟苏东坡的人品,一到岭南就通过一个渠道表示与苏和好,苏得到这个信息后,立即就写了回信,派儿子去见程子才,果然两人尽释前嫌,"渡尽劫波兄弟在,相逢一笑泯恩仇"。以后他们互相书信往来,回到少年时代无邪的时光,互相走访,兄弟如初。父辈四十年的结怨,由子辈消解了。

章惇知道后气得要死,但也无可奈何,想这个苏东坡怎么人

旷达人生

缘这么好！这么有魅力！

人缘是自己积的，魅力是自己修炼出来的，有的人有人脉，有的人就是没人气。这都与一个人的品德、性格、心理有关。

表现在具体问题上，苏轼对王安石的态度就是这样。王安石排挤过他。当王安石下野时，他仍专程去南京探望，还向王安石承认自己过去不懂事，对他不够理解，有的话说错了，"从公已觉十年迟"。这给王安石以精神上的慰藉，使王安石感动不已，请他在南京买田买屋与他做邻居。

尤其是对章惇的态度，最能说明问题。

章惇与苏轼年轻时曾是好朋友，有一次，他们一起去游山，前面是千丈深的山谷，上面横着一棵树做独木桥，已经摇摇欲坠了。章惇问苏轼敢不敢走过去，苏轼说我不敢，为什么要用生命去冒这个险。可是章惇说，我行，说着就走了过去，还在对面的石壁上刻了几个大字：苏轼章惇游此。

苏轼对章惇说，你将来会杀人的！章惇说你怎么能这样说，苏轼说，连自己的生命都不顾的人，也不会珍惜别人的生命。后来章惇果然害人了。不过苏轼没有料到他害的人恰恰是自己。

章惇做了宰相后，怕苏东坡威信高，会被重用，所以利用职权将其一贬再贬，最后把苏东坡贬到海南岛的儋州，还把苏东坡的弟弟苏辙贬到雷州，把黄庭坚贬到宜州，为什么这样贬？他觉得好玩，苏东坡字"子瞻"，所以贬到儋州，音同形近；苏辙字子由，与雷州的"雷"下面的"田"字相近，所以贬到雷州；黄庭坚字鲁直，所以贬到宜州，宜与"直"相近。这家伙心理很不正常，不仅以虐待别人取乐，而且虐待人还要玩文字游戏。

到元符三年（1100年），苏东坡遇大赦，将回到中原，当时朝野都看好苏东坡将成为宰相。而章惇此刻已落难，也被贬到岭南。章惇的儿子怕苏东坡报复,就写信给苏,意思是说我父亲对不起你,希望你高抬贵手不要报复我父亲。苏东坡立刻写回信,安慰他们说:我决不会存报复之心,请你父亲放心,我们毕竟是四十年的交往,过去又是好朋友。他还把自己在岭南的经验告诉章惇的儿子,要给父亲带些什么药去,在南方要注意什么,信这样写道:"轼与丞相定交四十余年,虽中间出处稍异,交情固无所增损也。闻其高年,寄迹海隅,此怀可知,但已往者更说何益,唯论其未然者而已。……海康风土不甚恶,寒热皆适中……某在海外,曾作续养生论一首,甚欲写寄,病因未能,到毗陵,定叠检获,当录呈也。"说我们之间本来就没什么,还是好朋友,过去的就不提了,还说要多带药,我写了一篇养生论,本来要抄给你,现在自己身体不好,等到了常州,翻出来抄给你。这"出处稍异"四个字轻描淡写,把过去的一切恩怨都勾销了。章惇的儿子接信后大为感动,热泪滚滚,说不出话来。

宽容别人的人,又往往不会把人神化,不会轻信过分的表彰。他相信人性不可能没有弱点,不可能像神一样不犯错误。犯错误有缺点,是正常的,你有缺点我也有缺点,这就是宽容的基础。

独立人格

这种思维方式表现在对政治、对传统的中庸态度,他不喜欢把传统全丢了,也不喜欢一点都不肯改革,具体表现在对王安石、司马光的态度上。王安石新党在台上时,他批评王安石,指出新法有很多过激的地方,与民事不利,不应把传统全部丢弃。司马光的旧党上台了,对于司马光要全废除新法,苏东坡又去

反对。

他是宽容的,他又是固执的,固执地守望宽容。

看来苏东坡虽然是极宽容的,但并不是无原则的,有的时候确实十分固执。他坚守自己的做人原则,坚守自己亲自从实践中、从现实中得出的结论,他不会轻易改变,轻易放弃。我们曾经引用过的苏东坡那段非常精彩的话,这里不妨再读一遍:"昔之君子,惟荆是师;今之君子,惟温是随。所随不同,其随一也!""不随",表现出的固执,这恰恰是苏东坡最可贵的地方。

孟子曾经说过,人要有"浩然之气",如果你是正确的,那么"虽千万人吾往也"。即使有千万人反对我,我也勇往直前。

庄子也说过,真正的仁人志士应该有独立性,"举世誉之不加劝,举世毁之不加沮"。你做的事,整个世界都说你好,说你好话,你也不必飘飘然,也不要因此得到鼓动,自以为了不起起来;如果整个世界都说你的坏话,你也不必沮丧,不必灰心丧气,你照样按你的理解,照你认为对的去做。鲁迅说这叫"不和众嚣"。"嚣"字四个口,对着一个人的脸骂。即使如此,他也不在乎,不动摇。有独立的精神、自由的思想,特立独行,这是中国知识分子最缺少的,可在苏东坡身上表现得那么充分。

柳宗元曾说:"一犬吠影,众犬吠声",一条狗看到一个影子就叫了起来,其他狗连影子也没看见,就跟着叫起来。

苏东坡不是这样,他不偏执,不狭隘,既反对报复,又坚持原则。有一种特立独行、不和众嚣的精神。

性格来源

苏东坡宽容、豁达、固执、悲悯、开放、有创新,我们不禁要问,苏东坡的这种思想性格的来源在哪里?总不会是天上掉下来的吧。除了刚才说的从儒家道家思想中来,还有多方面的来源。首先是来源于他的生活实践和丰富的阅历,很少有人有他那么丰富的人生。

经历多了,就会宽容。

一个人要宽容,就要见多识广,看得多了,就不会对不同的事物感到大惊小怪了。阿Q有一种"未庄理论",看到城里人把条凳叫做长凳,就不理解,说这是错的;看到城里人把葱切得很细,也不理解,说应该是切成一段一段才对,未庄就是这么做的。

这就是因为孤陋寡闻,见识太少,没有看到过不同的东西,如果看得多了,也就能容忍不同的文化了。

我们过去是封闭的社会,看到西方的什么都不能接受,就是因为看得太少,是"未庄理论"在作怪。苏东坡的足迹几乎踏遍了大半个中国,从四川到杭州,从保定到海南,而且不是一般的蜻蜓点水,是深入其中。

苏轼的宽容,还来源于天赋的善良、正直的本性和他的天才的悟性,因为他站得高,他常常跳出是非,站在是非之外看问题,所以比较公允、中庸。

我们在前面谈到,东坡的祖父、母亲是那样的善良正直,并且对东坡从小的教育,这不能不对东坡产生巨大的影响。一个人心地善良了,就能跳出是非之外,就能站得高,就能公正地看待问题。这个道理其实很简单,但是好多人不理解。

苏东坡就是因为能站得高,常常跳出是非之外,所以他能平和中庸。这是二。

这也许是最主要的,就是我在前面已经提到的,来源于传统文化,来源于儒道释,来源于诸子百家。

中国文化中本来有着非常优秀的东西,比如,苏东坡之所以能够对生命那样的热爱,又那样的超脱旷达,完全是因为他对生命的理解。这方面,道家、佛家,甚至儒家都有精彩的论述。

佛家和道家一样是把死看作是生命的另一种形式的。佛家关于"色不异空,空不异色,色即是空,空即是色"的理论,把生命现象说得十分精辟。

你想一个人把生死都看淡看穿了,还有什么可怕的呢,还有什么不旷达,还会为一些小事自寻烦恼而不高兴呢?

孔夫子也把生命现象看得很平常、很坦荡。他认为,闻道比生命更有价值,他说:"朝闻道,夕死可矣。"

有了这样的生活经历,有了这样广博的知识,有了这样一颗大悲大悯的慈柔心,再加上有如此丰富的传统文化思想资源,苏东坡怎么会不这样旷达超脱,怎么会不这样宽容豁达,怎么会不这样潇洒快乐,又怎么会不这样谦虚而固执,又怎么会不这样具有开放创新的精神?

美味人生

现在,生活水平提高了,大家常到饭店里去聚会。有一道名菜几乎到处都有,菜名叫东坡肉。大家知道这东坡肉是因东坡先生烧制而得名的,它肥而不腻,醇而又糯,入口即化,香甜可口。不过这里边有个问题,苏东坡是四川人,按理说他做的东坡肉应该是以辣为主啊。怎么这东坡肉会是甜的呢?

东坡肉和河豚

说起饮食,各地口味不同,就是吃辣也不一样。人们说吃辣有四种境界:就怕辣、不怕辣、辣不怕、怕不辣。四川人是到了最高境界的,而且还喜欢麻,"又麻又辣,舒坦到家"。那么咱们的苏先生是从小长在四川,怎么会研制出一种又甜又糯的东坡肉来呢?东坡肉的专利权到底是谁的?

这个说法很多,杭州人说,是苏东坡第二次在杭州时,正逢大灾。老百姓饿肚子,于是他就请示朝廷放赈。后来一想西湖要疏浚,就用"以工代赈"的方法。请灾民挖湖,然后发放粮食。既解决了吃饭问题,还可以兴修水利。那时他在工地上,见民夫干得很累,他想光是吃饭容易饿,该犒劳犒劳他们,于是就叫厨

师拿酒拿肉来。苏东坡四川口音很重,那时还没有普通话,杭州人听不清,厨师听错了,以为是要他用酒烧肉,就在烧肉时放了很多酒,又根据杭州人的习惯加了糖。送到工地,大家一吃,又甜又糯,特别有风味,就称之为东坡肉。这就是说东坡肉不是为自己烧的,是为杭州民夫烧的。

但常州人说,这是苏老先生在常州时,看到老人们爱吃甜食,又怕油腻,研制出来的。还有人说在无锡惠州天下第二泉。那么,这东坡肉到底是源于哪里呢?

其实,这专利权、注册地应该是在湖北黄州,就是现在的黄冈。那时苏先生在黄州流放。看到黄州这个地方羊少,羊肉特别贵,而猪很多,价钱又很便宜,当地人烧不好,他又想给当地人换换口味,于是就研制出了一种烹制法。所以说,东坡肉是为黄州百姓特制的。

这种说法有东坡的文章为证。

东坡留有很多谈烹调的文章,其中有一篇《猪肉颂》,就记了这件事。文章不长,我们来读一下:

> 净洗铛,少著水,柴头罨烟焰不起,待他自熟莫催他,火候足时他自美。黄州好猪肉,价贱如泥土。贵者不肯吃,贫者不解煮,早晨起来打两碗,饱得自家君莫管。

你看,这段话里不仅讲了烧法,还讲了产地是在黄州。

这才是正宗的东坡肉烧法,看来现在的烧法都不合格。他用的不是小火,更不是大火,他不用明火,而是像烤山芋那样,用的是暗火、膛火,不能有火焰。你看,他说"柴头罨烟焰不起",用的是木柴,不能用煤来烧,柴也有讲究,一定要用香柴。这个

"罨"字意思是把烟也盖住,无烟、无焰。

这样焖出来的肉肯定更好吃,可见我们现在吃的东坡肉已经变味了,我们真的要吃东坡肉还应到黄冈,到当地农民家去,自己做。

苏东坡的美食是出名的。刚到黄州,他就忘了自己是罪臣,首先想到了吃。他在《初到黄州》一诗中写道"长江绕郭知鱼美,好竹连山觉笋香",这哪里能看出被贬官的悲哀,分明是一副赏美景、尝美食的好心情。

苏东坡不但写了《猪肉颂》,还写了《东坡羹颂》,还有东坡汤、东坡野菜。他几乎可以编整整一本烹调书。他确实是很会享受生活的。

苏东坡爱吃是出了名的,一次他到扬州(当时叫广陵)去做官,李白有诗"烟花三月下扬州",其实这句诗里还有一个意思,三月份河豚正肥,到扬州你可以大吃了。苏东坡进了一家饭店,据说这家店是烹制河豚最出名的,老板见苏长官带着朋友来了,就亲自动手,精心烹制了几条河豚请他。他们都躲在屏风后面想听一听苏东坡的评论,其他客人一边吃一边大呼:好吃,好吃! 就是这位苏长官一个人一言不发,低头大吃。老板等得急死了,吃完饭,苏长官擦一擦嘴,站起身,就在跨出门这一刹那,苏长官开口了,说了四个字:"也直(值)一死!"老板听了高兴得跳起来,马上请人刻了一块匾,叫"也直一死"挂起来。后来"拼死吃河豚"就成了我们的日常用语,意思是,这东西诱惑力太大了,就是死也要吃。

饮酒和饮茶

苏东坡还特别爱喝酒,他关于酒的诗不比李白、杜甫少。不

过他的酒量不大,一喝就醉,他说,喝酒就是为了微醉,不管多少,达到目的就行了。而且,他特别喜欢看别人喝,从中享受无穷的乐趣。他到处奔波流放,有的地方没酒,他就自己酿酒,给它们题写美名,到什么地方,就因地制宜,做什么酒。他有一篇《饮酒说》云:

> 予虽饮酒不多,然而日欲把盏为乐,殆不可一日无此君。为酿既少,官酤又恶而贵,遂不免闭户自酝。曲既不佳,手诀亦疏谬,不甜而败,则苦硬不可向口。慨然而叹,知穷人之所为无一成者。然甜酸甘苦,忽然过口,何足追计?取能醉人,则吾酒何以佳为?但客不喜尔,然客之喜怒,亦何与吾事哉!

他酿过桂花酒,《新酿桂酒》诗记其事。还有一次,他贬到南方,用当地的果子自制真一酒。还写了《真一酒歌》:"米、麦、水,三一而已,此东坡先生真一酒也。"诗人还酿过天门冬酒,于是有《庚辰岁正月十二日,天门冬酒熟,予自漉之,且漉且尝,遂以大醉》二首。他往往是一面做酒一面尝,还没等做好,已经大醉。而我们未读其诗,也已闻到了诗人的家酿酒香,也已感受到诗人可爱的醉态了!

其实,他做酒的水平并不很高明。苏东坡死后,有一次,一个朋友问苏过(他的小儿子),你父亲的制酒方法能传授给我们吗?苏过说,不学也罢,说有位老人吃了父亲的酒就拉肚子,父亲赶紧给他服用自己配制的中药才止住(苏东坡是很懂医道的)。

真正会喝酒的人,其实正如欧阳修说的"醉翁之意不在酒",那么醉翁之意在哪里呢?在山水之间,在朋友的友情之间,在诗

——黄玉峰说苏轼

词的唱和与文化交流之间。苏东坡喝酒时,喜欢与人对诗、猜谜。现代人是划拳图个热闹。而他们是写诗、唱曲、猜谜。他们经常搞雅集,所谓雅集就是现在的所谓"派对"。

有一次他们打赌,要求写一首诗,内容是代闺房的姑娘写诗思念远方游子。但是不许明言,越隐晦越好,谁的诗写得隐谁就胜。苏东坡写了一首怎样的诗,我们写在下面,看读者诸君能否看懂。诗是这样写的:

夜半三更门半开,小姐等到月儿歪。山高路长少口信,哭断肝肠人未来。

大家不禁拍手叫好,输得心服口服。苏先生一时兴起,说我们再写一首刻画自己处境的诗:

长亭短景无人画,大苏横拖瘦竹筇。回首断云斜日暮,曲江倒蘸侧山峰。

这首诗写出苏东坡虽身处逆境,但自由自在,无拘无束,时而看看云彩,时而看看山峰,一面拖着竹杖,就像是陶渊明那样。

这才叫会喝酒,这才叫喝出情趣,喝出文化,那种大碗大碗地灌,不叫喝酒,叫牛饮。

苏东坡对品茶那就更有一套一套的程序了,我们暂且省去,只说他对水的讲究。他有一首谈饮茶的诗,题目叫《汲江煎茶》,对水的要求特别高:第一是要用清晨的泉水;第二茶要第二次滚,第一次滚的水太嫩,第三次滚的又太老,第二次的,适中。这首诗写得特别美,我们不妨引几句:

活水还须活火烹,自临钓石汲深清。大瓢贮月归春瓮,小杓分江入夜瓶。雪乳已翻煎处脚,松风忽作泻时声。枯肠未易禁三碗,卧听山城长短更。

苏东坡还有诗云:

戏作小诗君勿笑,从来佳茗似佳人。

他把优质茶比喻成让人一见倾心的绝代佳人。"清宫迎佳人"即用茶匙把茶叶投入到冰清玉洁的玻璃杯中。试想,以欣赏美女的心态来喝茶,这是多么有情趣!

岭南寻美味

一个人是不是开心,与钱多钱少其实关系不大。关键是自己有没有情趣、品位,会不会真正享受生活。像苏东坡那样,即使再穷也会过得有滋有味,不是那么怨天尤人、悲悲切切。生活过得很精彩、很绅士,这很符合孔子的教导。

孔子说,"割不正不食","食不厌精,脍不厌细"。我过去不理解,认为太奢侈,现在理解了。

苏东坡到惠州以后,欣喜地发现这里"四季如夏",到处飘着果香、茶香,很快适应了当地的客家饮食习俗。他说:"惠州风土食物不恶,吏民相待深厚。"

后来他的口味也发生了变化,喜欢上了素食,他看着自己耕种的蔬菜即将收获,喜悦地赋诗道:"秋来霜露满园东,芦菔生儿芥生孙。我与何憎同一饱,不知何苦食鸡豚。"在他看来,这些蔬菜比那鸡鸭鱼肉还要味美。

　　苏东坡被贬到惠州时已经快 60 岁了。这时他已十分超脱,看到岭南的水果这么多,过去别说吃,就是听都没听说过,杨贵妃要吃新鲜荔枝,跑死好多快马,送到西安早已不鲜了,杜牧曾写诗讽刺:

　　　　长安回望绣成堆,山顶千门次第开。一骑红尘妃子笑,无人知是荔枝来。

　　因此有一种荔枝名为"妃子笑"。可现在我苏东坡随手就可以摘到。他写诗道:"日啖荔枝三百颗,不辞长作岭南人。"

　　过去到岭南标志着一个人的政治生命的结束,标志着一个人一辈子回不到家乡去了,可苏东坡如此乐观,"不辞长作岭南人"。

　　可岭南也有个缺点,就是羊少,惠州市面上一天只杀一头羊。苏东坡这时候穷,买不起,又要补身体,就与卖羊的人商量,把羊脊骨留着给他。他发明了一种羊脊骨烧法,从里面剔肉的方法。就像上海人吃阳澄湖大闸蟹那样,把小指甲里的肉都剔得干干净净。他还郑重地写信给他的弟弟苏辙,教他烧法和剔骨法,在信的最后,他幽默地说道,不过"狗要不高兴了",因为骨头里的好东西都被他吃了。

　　所以人们说,苏东坡是美食家、是特级烹调师,一点都没夸大。中国人发明美这个字,很有趣,上面一个羊,下面一个大,羊大为美,肥肥壮壮,越看越欢喜,觉得它太美了。

　　惠州还不算远的呢,后来他又渡海到海南去了,那里的饮食习惯和之前差异就更大了。他在给朋友的一封信里说:

> 此间食无肉,病无药,居无室,出无友,冬无炭,夏无寒泉……

但是苏东坡依然保持他"随遇而安"的本色,很快就又适应了海南岛的饮食。没有米,就吃芋头;没有肉,就吃菜羹。他还写了一篇《菜羹赋》流传于今。菜羹吃厌了,儿子苏过就用山芋作羹,美其名曰"玉糁羹",东坡吃了,拍案叫好,赞道:"色香味皆绝,人间决无此味也!"还写诗云:"莫将南海金齑脍,轻比东坡玉糁羹。"

苏东坡谪居儋州时还有一篇小品文叫《食蚝》,蚝,就是牡蛎,文章把吃蚝的乐趣写得淋漓尽致。

> 己卯冬至前二日,海蛮献蚝,剖之,得数升,肉与浆入水,与酒并煮,食之甚美,未始有也。……每戒过子慎勿说,恐北方君子闻之,争欲东坡所为,求谪海南,分我此美也。

不过,请想一想,那时候吃蚝可不像现在这样,是一种饮食时尚!但他还是满心欢喜地品尝,还幽默地说怕被别人知道了,到海南来分享他的"乐趣"。

吃东西要吃出心情、吃出品位,就如同穿衣服也要有个性,这样才是享受生活,活得有滋有味。外界的条件不是完全可以由我来左右的,但内心的情绪可以由我自己来把握。这反映了一个人的人生境界。现在很多人在节日里总是到店里去吃,连年夜饭也包了,这确实很方便,但同时把乐趣也"方便"掉了。其实吃得好坏还是在其次,情趣在自己买菜、烧菜的过程中。过去到了年夜前几天,家家忙于准备年货,年味一天浓似一天。

苏东坡喜欢自己制作,连酒都喜欢自己酿,可以想象,当客人品尝主人自己做的酒菜时,将是一种怎样的心情。

笔者也曾经喜欢自己烧菜请客,并且根据来的不同客人,给菜起不同的名字,一盘一盘端出来,真是其乐无穷。比如有一次,一个朋友遇到不顺心的事,心里颇为忧伤,我请他来吃饭,我给其中两个菜起了很有意思的名字,一个是咸菜炒墨鱼,取名"黑白颠倒";一个是红烧明虾,取名"智者何忧"。咸菜本来是白的,现在成了黑色,墨鱼原先是黑的,现在成了白色,不正是黑白颠倒吗?明虾一个个弯着,像一个个问号,不是智者何忧吗?其他的菜也分别一个个起了名字,再加上亲自下厨,所以这顿饭吃得很有意思。友人的心情亦为之一爽。

为什么现在过年,年味少了,就是因为菜肴千篇一律,又是到饭店用餐,既浪费,又没了过程。快乐在过程中,而不在于一个结果。

这样一想,我们就可以理解,苏东坡为什么喜欢自己做菜、做羹、做酒、做饭了。他不愧为一个真正的美食家!

歌吟人生

文学史上一般都说,唐诗宋词元曲明清小说。词是在宋朝兴盛起来的。为什么词在宋朝兴盛,主要与宋代经济的发展有关,经济发展带动了商业发展,也带动了文化的繁荣。

北宋词风

在唐朝,到了夜里一定要坊门锁闭,禁止夜行,而且不能私自开店建坊。北宋时期这些禁令全部废止,商品经济相当发达,有做小买卖的几十贯本钱的小商小贩,也有几百万贯的大商人,控制了不同行业。有"大排档",也有"大宾馆",这样便刺激了城市繁荣。

《东京梦华录》记载了开封府的繁荣景象:"太平日久,人物繁阜,垂髫之童,但习鼓舞,斑白之老,不识干戈。"《清明上河图》也形象地反映了当时热闹的城市。很小的孩子,已经在学唱歌跳舞了,头发花白的老人还不知什么叫打仗。

当时士大夫之家,几乎家家有歌儿舞女,不仅每到节日就弹拉说唱,就是在平时也是日夜笙歌宴舞。用现在的话说就是娱乐业特别发达,到处是夜总会、卡拉 OK。

要唱歌就要有曲有词,而当时的官员几乎都是诗人墨客,于是自编自唱。一时长短不一的词便大兴其时,诗的句子划一又不通俗,不善于表达各种不同的情绪,尤其不善于表达缠绵悱恻的感情。而词则不同,可以根据不同的情绪、内容、场合,甚至不同的歌唱者,填出不同的句子。

但是,正因为是在歌舞升平的情况下,填写的词一般都是靡靡之音,所以有人说婉约词是词的正宗。最出名的是柳永的词,人称柳七,在歌舞场中、娱乐业里是出了名的。所谓有水井处就有柳七。他最出名的一首词《雨霖铃》"今宵酒醒何处,杨柳岸晓风残月",还有"衣带渐宽终不悔,为伊消得人憔悴"(《蝶恋花》)便是婉约词的代表作。有意思的是,他还曾为那些歌儿舞女作过广告词:

> 心娘自小能歌舞,裾衣动容皆济楚……王孙若拟赠千金,只在画楼东畔住。
> 佳娘捧板花钿簇,唱出新声群艳伏……何当夜召入连昌,飞上九天歌一曲。
> 虫娘举措皆温润,每到婆娑偏恃俊……坐中年少暗消魂,争问青鸾家远近。
> 酥娘一搦腰肢袅,回雪萦尘皆尽妙……而今长大懒婆娑,只要千金酬一笑。

总之就是写些:某娘长得怎么样,住在桥边某某间,你要请她来唱曲,只要花上几个钱。

在当时,写缠缠绵绵的婉约词成了一种风气。连文坛盟主将帅们都加入了这个行列。比如,欧阳修写"庭院深深深几

许。……泪眼问花花不语,乱红飞过秋千去"。晏殊写"无可奈何花落去,似曾相识燕归来"。连司马光、王安石这样道貌岸然的人也写出"相见争如不见,有情何似无情","花是去年红,吹开一夜风。……何物最关情,黄鹂三两声"这样的句子。

苏词风格

苏东坡写词较晚,大约在做杭州通判时。因为要应酬,开始写词。不过他一上手就写得好。他的婉约词写得很美,比如大家所熟悉的《蝶恋花》:

> 花褪残红青杏小。燕子飞时,绿水人家绕。枝上柳绵吹又少,天涯何处无芳草! 墙里秋千墙外道。墙外行人,墙里佳人笑。笑渐不闻声渐悄,多情却被无情恼。

他在词的方面,更大的贡献在于拓展了词的内容。1074年,苏轼从杭州任期满后,为了与弟弟靠近,要求到密州。密州是很穷的地方,梁山起义就在那一带。然而就在那里,他的词产生了一个历史性的飞跃。

先是因为夫人王弗的去世,他写了一首《江城子》(十年生死两茫茫),有一种凄凉超旷之美。这样的悼亡词,在词中也是有开创性的。词很少有写悼亡的。

然而,当那首《江城子·密州出猎》诞生时,就标志着豪放词终于破土而出了。

熙宁八年(1075年)四月和五月,苏轼曾去常山求雨,果然大雨如注。于是选了一个晴朗的天气,他带着手下人去常山祭

谢雨神,回来时,便同手下人一起去会猎,于是有了这首气贯长虹的《江城子》:

老夫聊发少年狂,左牵黄,右擎苍,锦帽貂裘,千骑卷平冈。为报倾城随太守,亲射虎,看孙郎。 酒酣胸胆尚开张,鬓微霜,又何妨!持节云中,何日遣冯唐?会挽雕弓如满月,西北望,射天狼。

真可谓是石破天惊第一声。词原来可以写得这样狂放!这样大气!这首词,终于打破了依红偎翠、牙板轻敲的一统天下。

"老夫聊发少年狂",41岁而自称老夫,有一种豪迈之气。左手牵着猎狗,右手擎着猎鹰,身上穿着"锦帽貂裘","千骑卷平冈",这当然是夸张,一群人涌过去,这时的苏轼何等自负、何等豪气,"为报倾城随太守"为了报答整个城市的人都来跟着我,我要表现一下,亲自射个老虎给大家看看。"看孙郎",孙郎就是三国时代的孙权,这里大苏以孙权自比。

"酒酣胸胆尚开张,鬓微霜,又何妨",在这里苏轼又提到了酒,刚才喝了点酒,酒能壮胆,酒能激情,酒使他胸襟更宽广。鬓角有几根白发,又算什么?"持节云中,何日遣冯唐?"冯唐是汉文帝的一个老臣,苏轼希望朝廷能委以边任,到边疆抗敌。

"会挽雕弓如满月,西北望,射天狼",一定要拉开满弓,去抗击敌寇!

这首词写得情豪志壮,大有决胜战场的气概,把儿女情换成了报国立功、刚强壮士的英雄气。确是宋词发展史上的里程碑。

苏轼请战,并不是空话。他确实研究过兵书,还做过兵部尚书即国防部长。他到定州,整顿军队,表现出杰出的军事才能,

可惜后来没有进一步发挥就被贬到岭南去了。

苏轼写了这首词后自己都感到意外的高兴,他写信给友人:"近来颇作小词,虽无柳七风味,亦自是一家,呵呵,数日前猎于郊外,所获颇多,作得一阕,令东州壮士抵掌顿足而歌之,吹笛击鼓以为节,颇为壮观也。"

得意之情溢于言表,特别是文章中的"呵呵"笑声,活脱脱画出一个天真可爱又自得的苏轼。

这个时期,他另一个突出成就是写了《水调歌头·丙辰中秋》(详见前文)。虽然是写兄弟之情,但并不是缠缠绵绵的,而是写得境界雄奇阔大,情绪大起大落,神秘浪漫,而又洒脱、开朗、豁达,南宋胡仔在《苕溪渔隐丛话》中说:"中秋词,自东坡《水调歌头》一出,余词尽废。"

紧接着他又写了很多豪放词。后来辛弃疾继承了他的词风且加以发扬光大,形成了中国文坛上有名的"豪放词派"。

如果说《密州出猎》是豪放词的开山作、是划时代的作品,那么在几年以后,他被贬黄州时写的那首《念奴娇·赤壁怀古》就标志着他的豪放词完全走向成熟。

大江东去,浪淘尽,千古风流人物。故垒西边,人道是、三国周郎赤壁。乱石崩云,惊涛裂岸,卷起千堆雪。江山如画,一时多少豪杰!

遥想公瑾当年,小乔初嫁了,雄姿英发。羽扇纶巾,谈笑间、樯橹灰飞烟灭。故国神游,多情应笑我,早生华发。人生如梦,一樽还酹江月。

这首词真是写得大气磅礴,一开始写景,滚滚长江,滔滔不绝。紧接着联想到与大江有联系的千古英雄人物,其中特别是那位周公瑾。"乱石崩云,惊涛裂岸,卷起千堆雪",把赤壁的雄奇、直插云霄的陡峭山崖与汹涌的骇浪猛烈搏击的江岸以及卷起千堆万堆澎湃雪浪的情景,描绘得如在眼前。最后一句作结:"江山如画,一时多少豪杰!"引出无限的感慨。

下半阕,由前面的周郎赤壁、多少豪杰引出对周瑜的具体描绘:"遥想公瑾当年,小乔初嫁了",那时候,周瑜娶了江东美女小乔,"羽扇纶巾",他的打扮不是一个武将,而是一个儒雅风流之士,拿着羽毛扇,头上扎着青丝的头巾,谈笑之间,把曹操几十万军队打败了,"樯橹灰飞烟灭",写出周郎的战绩。

苏轼想到自己四十七八岁了,还没有作为,还没有为祖国人民做什么事,没有实现当年"致君尧舜有何难"的豪言壮语,反而被贬到这里,心里不免有些惆怅。"故国神游,多情应笑我,早生华发",从遥想回到现实,情不自禁地发出自笑多情,光阴虚掷的叹惋。但词的最后,突然引发对人生哲理的思考:

人生如梦,一樽还酹江月。

自从有了这首词,豪放词在宋词中就有了它的地位。

过去,一直把苏东坡的"人生如梦"作为批判的靶子,认为是消极人生观的体现。其实,这是一种肤浅的理解。"人生如梦"这个命题不是没有道理的,苏东坡还说过"休言人生转头空,未转头时是梦",从哲学上讲,这反映了人生的短暂性和虚幻性,人在世界上本来就是匆匆来去的过客。有人说,人在世界上有三部分:过去、现在和未来。过去的就像梦一样,再也抓不住、回不来了;现在很快又会成为过去、成为历史、成为抓不住的梦;同

样未来在今天不可知,当未来来到时,也便成了过去。从这个角度看人生如梦是千真万确的真理。但这并不是消极,正因为认识到人生如梦,苏东坡对被贬的事实才能减轻痛苦;正因为认识到人生如梦,才会抓住现在、抓住现实,珍惜短暂的人生,使之有所作为。

所以,我们不能以自己浅薄的思想,对这首词作简单的理解,来批判苏东坡,说他消极人生;恰恰相反,他是积极的!

对这个问题,我们不妨多说几句。我们对人生,一面要脚踏实地,一面要居高临下。人生是实实在在的,这是我们的立场,我们不能把虚空作为立场,而只能作为一个视点,作为一个观察问题的角度。比如不能因为人生反正是梦,就自暴自弃。反之,我们又不能没有这个视点、没有这个观察问题的角度,如果不能把人生看作是一个过程,看到它的短暂和虚幻,那就会太执著,认死理,就不可能站得高看得远,就会为眼前的东西所执迷。

体裁多样

在北宋词坛上,苏轼突破词必香软的樊篱,创作了一批风貌一新的词章,为词体的长足发展开拓了道路。从今存三百四五十首东坡词来看,苏轼对词体的革新是多方面的。它冲破了专写男女恋情和离愁别绪的狭窄题材,具有广阔的社会内容。苏轼在我国词史上占有特殊的地位。他将北宋诗文革新运动的精神,扩大到词的领域,扫除了晚唐五代以来的传统词风,开创了与婉约派并立的豪放词派,扩大了词的题材,丰富了词的意境,冲破了诗庄词媚的界限,对词的革新和发展作出了重大贡献。

——黄玉峰说苏轼

苏轼扩大了词反映社会生活的功能,他不仅用词写爱情、离别、旅思等传统题材,还用词抒写报国壮志、农村生活、贬居生涯,甚至生活起居等。他借日常生活小事,反映不畏坎坷、泰然自处的生活态度。他也描写农村生产和生活小景,写黄童、白叟、采桑姑、缫丝娘、卖瓜人等各式各样的农村人物。可以说,凡能写进诗文中的生活内容,苏轼都可以用词来表达。生活有多丰富,他的词作的内容就有多丰富。生活有多大,他的词就有多大!

苏东坡的词除了前面说的豪放和婉约外,还有很多风格,如旷达的、空灵的、典雅的、俚俗的……苏东坡不喜欢单调。

看他的《行香子》写得多么闲适:清夜无尘,月色如银。……几时归去,做个闲人,对一张琴、一壶酒、一溪云。

看他的《卜算子·黄州定惠院寓居作》写得何等凄婉含蓄:谁见幽人独往来?飘缈孤鸿影。……拣尽寒枝不肯栖,寂寞沙洲冷。

看他的《贺新郎》写得何等逼真隽永:晚凉新浴。手弄生绡白团扇,扇手一时似玉。……花前对酒不忍触。共粉泪,两簌簌。

看他的《定风波》写得何等宁静淡远:万里归来颜愈少,微笑,笑时犹带岭梅香。试问岭南应不好?却道,此心安处是吾乡。

看他的《临江仙·夜归临皋》写得何等超尘拔俗:长恨此身非我有,何时忘却营营?夜阑风静縠纹平。小舟从此逝,江海寄馀生。

看他的《江城子·湖上与张先同赋》写得何等清丽空灵:一朵芙蕖,开过尚盈盈。……欲待曲终寻问取,人不见,数峰青。

看他的《水调歌头·快哉亭作》写得何等奇逸豪迈：忽然浪起,掀舞一叶白头翁。……一点浩然气,千里快哉风。

看他的《浣溪沙·游蕲水清泉寺》写得何等睿智豁达：谁道人生无再少？门前流水尚能西！休将白发唱黄鸡。

看他的《浣溪沙》写得何等俚俗有趣：……牛衣古柳卖黄瓜。酒困路长惟欲睡,日高人渴漫思茶,敲门试问野人家。

看他的《八声甘州》写得何等笔势突兀、荡气回肠：有情风万里卷潮来,无情送潮归。……

苏东坡对以前词人镂金错采的风尚有所改变。他重视音律,但不拘泥于音律。重文采,而不唯文采。苏轼词风呈现出多样化的特色。

另一些作品,或壮丽开阔,或清旷奇逸,或隽秀雄健,或婉媚缠绵,或空灵高妙。几乎每首词都各具特色,异样风韵。

苏词善于吸收诗赋词汇,兼采史传、口语,真可谓是鬼斧神工！

刘辰翁《辛稼轩词序》说："词至东坡,倾荡磊落,如诗,如文,如天地奇观。"实在是极中肯的评价。

当然,苏东坡不仅词好,诗好,文也好。不像李、杜只写诗,也不像稼轩只写词。苏东坡是个全才。

苏东坡才气盖世,当然自视很高,他向来不喜欢专门学哪一家,哪一派。包括对佛教他也反对过分地分门分派。他曾不无讽刺地问某些人说："宗风嗣阿谁？"

他的学生,苏门四学子,苏门六君子,风格没有一个和他相同的。他就是要在文化上百花齐放,百家争鸣。他不是口头上说说而已,而是真诚地去实践。他不喜欢搞宗派,而喜欢采百花蜜。

其实在政治上,他也不愿搞宗派。虽然,历史上有所谓"洛蜀之争",这不过是后人的评论,他人的附会,苏东坡本人并没有这个意图,他也不知道有所谓的党派之争。

好陶渊明之诗

苏东坡早年爱屈原、爱李白、爱杜甫,但当他步入中年以后,特别是到了晚年,偏爱起陶渊明的诗,他说:"吾于诗人,无所甚好,独好渊明之诗。"他把陶渊明的一百多首诗,一首一首地都和了一遍。他首先对陶诗的版本进行了选择,排斥了印行粗糙不可靠的本子,比如有一个本子把陶渊明的《饮酒》诗:"采菊东篱下,悠然见南山"刻成了"悠然望南山"。"见"和"望"一字之差,境界大不相同。"见"写出陶渊明真正的悠闲,无所事事,甚至不知道自己在干什么:在东篱下采菊花,抬起头了,南山进入他的眼帘,不是我在看南山,是南山自己进入的,是南山在看我。我和南山是那么和谐。那个"望"就不行,"望"就是主动地去看,主动地去望一望南山上有些什么,这就不悠闲了。苏东坡说,这种随便改别人诗的行为最可恨。

后来苏东坡终于找到了一个江州东林寺的印本,珍惜得不舍得一口气把它读完,在书后面题跋说:

> 余闻江州东林寺有陶渊明诗集,方欲遣人求之,而李江州忽送一部遗予,字大纸厚,甚可喜也。每体中不佳,辄取读不过一篇,惟恐读尽,后无以自遣耳。

每每身体不舒服时拿出来读,作为医治心理的良药。每次

只读一篇,唯恐把"药"吃完了,以后没得吃了。

到了晚年,苏东坡的心境似乎与陶渊明贴得更近了。他说要到了一定年龄才能体会陶诗的趣味,因为"陶渊明意不在诗,诗以寄其意耳"。读诗最要紧的是"得意忘形","意"是主要的,形式是次要的。比如讲话,把对方意思领会就行了,至于他怎么讲的都不重要,甚至并没有讲,只用肢体语言表达也行。渊明诗只是用诗的形式来表达他的人生观,表达他对人生的理解,往往不是光靠字面意思可以理解的。

我们不妨举一首和陶诗,以见一斑:

陶渊明《饮酒》(原诗)　　苏东坡《饮酒》(和陶)
　　结庐在人境,　　　　　庭院花竞放,
　　而无车马喧。　　　　　寂寂无人喧。
　　问君何能尔,　　　　　晨曦微绽露,
　　心远地自偏。　　　　　新葵竟自偏。
　　采菊东篱下,　　　　　孤庭固自赏,
　　悠然见南山。　　　　　悠悠在南山。
　　山气日夕佳,　　　　　久别庭园后,
　　飞鸟相与还。　　　　　匆匆速归还。
　　此中有真意,　　　　　迎目满庭芳,
　　欲辨已忘言。　　　　　欲叹已忘言。

虽说模仿的痕迹很重,但平心而论,苏东坡的和诗,无论在语言上、意境上,都不让陶诗的。

更有意思的是,他把《归去来辞》化成十首诗,虽没有原赋的一气呵成,但摇曳生姿,趣味横生。不妨录于此:

归去来辞
陶渊明

归去来兮！田园将芜胡不归！既自以心为形役，奚惆怅而独悲？悟已往之不谏，知来者之可追；实迷途其未远，觉今是而昨非。

舟摇摇以轻扬，风飘飘而吹衣。问征夫以前路，恨晨光之熹微。乃瞻衡宇，载欣载奔。童仆欢迎，稚子候门。三径就荒，松菊犹存。携幼入室，有酒盈樽。引壶觞以自酌，眄庭柯以怡颜。倚南窗以寄傲，审容膝之易安。园日涉以成趣，门虽设而常关。策扶老以流憩，时翘首而遐观。云无心以出岫，鸟倦飞而知还。景翳翳以将入，抚孤松而盘桓。

归去来兮，请息交以绝游。世与我而相遗，复驾言兮焉求！悦亲戚之情话，乐琴书以消忧。农人告余以春及，将有事乎西畴。或命巾车，或棹孤舟。既窈窕以寻壑，亦崎岖而经丘。木欣欣以向荣，泉涓涓而始流。羡万物之得时，感吾生之行休。

已矣乎！寓形宇内复几时？何不委心任去留，胡为惶惶欲何之？富贵非吾愿，帝乡不可期。怀良辰以孤往，或执杖而耘耔。登东皋以舒啸，临清流而赋诗。聊乘化以归尽，乐夫天命复奚疑？

苏轼对之进行化解，说：予喜读渊明《归去来辞》，因集其字为十诗，令儿曹诵之，号《归去来集字》云。

命驾欲何向，欣欣春木荣。世人无往复，乡老有逢迎。云外流泉远，风前飞鸟轻。相携就衡宇，酌酒话交情。

  涉世恨形役,告休成老夫。良欣就归路,不复向迷途。去去径犹菊,行行田欲芜。情亲有还往,清酒引樽壶。
  与世不相入,膝琴聊自欢。风光归笑傲,云物寄游观。言话审无倦,心怀良独安。东皋清有趣,植杖日盘桓。
  世事非吾事,驾言归路寻。向时迷有命,今日悟无心。庭内菊归酒,窗前风入琴。寓形知已老,犹未倦登临。
  云岫不知远,巾车行复前。仆夫寻老木,童子引清泉。矫首独傲世,委心还乐天。农夫告春事,扶老向良田。
  富贵良非愿,乡关归去休。携琴已寻壑,载酒复经丘。翳翳景将入,涓涓泉欲流。老农人不乐,我独与之游。
  觞酒命童仆,言归无复留。轻车寻绝壑,孤棹入清流。乘化欲安命,息交还绝游。琴书乐三径,老矣亦何求。
  归去复归去,帝乡安可期。鸟还知已倦,云出欲何之。入室还携幼,临流亦赋诗。春风吹独立,不是傲亲知。
  役役倦人事,来归车载奔。征夫问前路,稚子候衡门。入息亦诗策,出游常酒樽。交亲书已绝,云壑自相存。
  寄傲疑今是,求荣感昨非。聊欣樽有酒,不恨室无衣。丘壑世情远,田园生事微。柯庭还独眄,时有鸟归飞。

  苏东坡的集句,并非是文字游戏,也并非是陶渊明原文的复制,而是通过重新组合,加进了自己的生活和生命体验。读者若能细细品味,定会感到趣味无穷。
  陶渊明的诗最大的特点,就在于心灵的"求真"、心灵的安宁,这与苏东坡在性情上引起强烈的共鸣。陶渊明随遇而安、进退自如的生活方式,是苏东坡所努力追求的。其实晚年的苏东坡无论心境和诗风非但已接近了这位"五柳先生",而且在我看来,从某种意义上说,苏东坡的境界似乎超越了陶渊明,比陶渊明更高,更难能可贵。因为,相对而言,自觉退隐田园还是较容易的,而在朝廷上保持精神上的独立性,坚持不和众嚣的不羁个性,在被贬后仍然能在精神上保持平和的心态,也许更难。

苏东坡词诗文章能达到这么高的成就,与他的艺术修养固然分不开,但主要的是他有"意",他想得比别人深;他的人品比别人高。要提高写作水平,最要紧的是人品与思想水平。什么样的人,有什么样的思想,就写出什么样的文章诗歌。鲁迅说得好:喷泉里出来的是水,血管里出来的是血。他还说,要写革命文,先做革命人,革命文倒无需亟亟,革命人写出来的便是革命文。老百姓也有句形象的话,叫做"狗嘴里吐不出象牙",也就是这个道理。

苏东坡在谈到自己的创作经验时说:

> 吾文如万斛泉源,不择地皆可出;在平地滔滔汩汩,虽一日千里无难,及其与山势曲折,随物赋形,而不可知也。所可知者,常行于所当行,常止于不可不止。如是而已矣。(《自评文》)

这"常行于所当行,常止于不可不止"就是求真的具体表现。有什么话就说什么话,说完了,就结束了。当然关键是自己心里要有话,有不同于他人的话。把这心里的话说出来,就是"真",就是"意",有了这个"意",无论诗歌文章,便能"滔滔汩汩,虽一日千里无难"。

所以,苏东坡又说:

儋州有人口成千上万,各种行业,各有所缺,是什么把它们

连起来？是"钱",有了钱,什么都有了,写文章也是这样,材料这么多,用什么把它们串起来？那就是"意"。有了"意",一切都好办了。

　　这是最要紧的写作经验谈,值得所有写诗文的人好好体会。苏东坡就是因为有生活、有思想并遵循这个创作规律,才唱出了如此大量的震撼千古的动人诗篇。

艺术人生

苏东坡是个有情趣的人，琴棋书画，无所不爱，无所不能。

琴棋

《历代琴人传》说："古人多以琴世起家，最著者……眉山三苏。"由此可知他们父子三人都是弹琴高手。关于音乐，苏东坡在诗文中有许多精彩的见解。他自己创作歌词，能唱能诵，脍炙人口。尤其是对民间音乐的关心。他不但自己创作，还大量修改编辑民间的歌词曲牌，使之更为有利于传唱。比如《竹枝歌》、《醉翁吟》、《闺怨》。他还对前人的民间艺术形式进行了深入的研究。他写的《杂书琴曲》一文，就对民歌、民谣、民族舞蹈等发表了很有价值的意见。

绍圣四年（1097年），他被贬儋州，仍不改气度，以极大的热情关注海南岛的民间音乐艺术活动。儋州是著名的歌海歌乡，正如一首山歌所唱的："儋州自古称歌海，山歌多似百花开；人人都是山歌手，山山水水是歌台。"这与苏东坡的推动是分不开的。他经常拄杖远足，走访黎族人家，寻歌采风。据《儋州县志》记载，有一回，他见一七旬老妪在唱歌，觉得很有趣，便与之攀谈起

来,记下了她唱歌的内容。有一首民谣叫《鹧鸪鸡》,至今在海南广为流传,相传就是苏东坡搜集保存下来的。这首山歌唱道:"鹧鸪鸡,鹧鸪鸡,你在山中莫乱啼;多言多语遭弓箭,无言无语丈夫离。"赵德麟的笔记《侯鲭录》说:"东坡在昌化,尝负大瓢,行歌田亩间,所歌者盖隐词也。"可见,大苏自己也陶醉在音乐之中了。

下棋是苏东坡平时消遣的传统节目,不过他更爱看人下棋。他可以整日看儿子苏过与朋友下棋而兴致盎然,还从中悟出"胜固可喜,败亦欣然"的人生哲理。

书法

书法是中国特有的交流工具,又是艺术形式,过去考科举如果写的字歪来倒去,写得不好,那是连门也进不了的。苏东坡的书法当然更是很有特色的。

古人为什么要这样重视书法?至少有两点原因:

第一是培养严谨、踏实、耐心,有毅力的学风。3岁看老,如果小时候起步时不认真,走上了歪路,养成习惯,那么要养成好习惯就不容易了。将来做什么事都浮躁。写字能训练人的静气,有句话叫"每临大事有静气",有了静气,在气质上有所改变,将来学习什么都行。所以写字不仅仅是为了追求表面的好看,而是为了追求内在的气质。现在很多青少年在学书法,功利性很强,为了评级,几级几级,这是与古代书法的宗旨不相符的,正好南辕北辙。所以有的人虽然表面上好看了,内在气质却没有变。这也就是文人字与写字匠的字的不同之处。有的人练了好多年,写得很苦,结果字还是没有品位,俗不可耐,道理就在于此。

第二是为了培养艺术修养以及养成最基本的审美观念。一个文化人一定要有艺术修养,有艺术的眼光,也就是审美的眼光。通过练字的实践,使你对各种线条结构、章法、布局有了直接的感受,渐渐提高了艺术修养、审美眼光,有了审美眼光,将来做什么事都有档次。

比如就拿线条来说,就有刚劲和柔媚、流畅和艰涩、粗犷和优雅、严谨和潇洒、迅捷和稳重,以及长与短、方与圆、光滑与粗糙等特点及不同;在构图上,有和谐、匀称、对比、平衡、紧密、宽松、正与斜、工工整整与歪歪斜斜、松松散散与一丝不苟、方方正正与参差不齐的各种风格。这些不同的线条和构图,以及这些线条和构图的不同的千变万化的组合,可以使人联想起大自然中一切美好的事物,比如梅花的枝丫、枯藤上的残叶,江水的奔腾、瀑布的飞泻、悬崖的陡峭,猛虎的利爪、骏马的遒劲,少女的纯净、老人的持重。大自然和社会的一切,都能在不同风格的书法作品中找到对应的迹象。

在创作书法作品时,再高明的书法家,也必须到生活中去感悟书法的生命。唐朝和尚怀素,学习书法多年而没有进步。有一次他闲步于山间,看到两条蟒蛇在争斗,各自伸长脖子,欲进不进,颇有一股外柔内刚的态势。他猛然醒悟,回来后练就一手极富个性的草书,世称"斗蛇体"。

大书法家颜真卿看到两个挑担的农夫在田间小道上互相避让,而悟出字与字之间互相配合的关系,这便是从生活中汲取灵感。这样的灵感用之于其他的生活工作实践,自然能做得又好又美。

所以不要小看中国古代文人对书法的要求,这是中华民族

特有的财富,是我们的祖先留给我们的宝贵遗产。

很可惜,现在的青少年往往只会电脑,把这个遗产丢了。即使是在练字的人,也只是为了考级,而不是为了修养自身,太功利了。

中国古代书法界流传着这样一种说法,叫天下第一书,天下第二书,天下第三书。可知道这第一书是谁写的?天下第一书是晋朝王羲之的《兰亭集序》,王羲之在永和九年(353年)三月初三百花生日,在浙江绍兴会稽山下的兰亭召集了四十几个文人学士聚会,做文字游戏,大家列坐于溪边,看着从上游漂下来的酒杯写诗,写不出就罚酒。几乎每人都写了一首诗,王羲之把大家的诗文集起来,编了一本诗集,叫《兰亭集》,王羲之为之写了一篇序言,就是这个《兰亭集序》,简称《兰亭序》,字写得潇洒风流,美不胜收,有魏晋风度。魏晋人比较洒脱,这个时期是人性觉醒的时期。王羲之的字反映了这个时代的精神。

天下第二书是唐代颜真卿的《祭侄稿》。颜真卿是个爱国将领,带着侄子抗击安禄山反叛,侄子被抓被杀,颜真卿极其痛心,写了一篇"祭侄稿",那字写得奔放沉着,顿挫有力,变化多端,气势磅礴。字里行间,可以读出他的凛凛正气和悲愤的情绪。

这天下第三书就是苏东坡在黄州时写的"寒食诗"。

那年正逢清明前一天,寒食节,苏东坡在黄州已过了四年,度过了三个寒食节,他的心情从压抑到平和,但这平和中还有一种薄薄的凄苦在其中。这天他兴致所至,一挥毫写下了这两首寒食诗。

自我来黄州,已过三寒食,年年欲惜春,春去不容惜。今年又苦雨,两月秋萧瑟,卧闻海棠花,泥污燕支雪,暗中偷负去,夜半真有力,何殊病少年,病起头已白。

春江欲入户,雨势来不已,小屋如渔舟,濛濛水云里,空庭煮寒菜,破灶烧湿苇,那知是寒食,但见乌衔纸。君门深九重,坟墓在万里。也似哭途穷,死灰吹不起。

这幅字无论从笔法、结构、布局、章法都到了化境,要点画有点画,要飘逸有飘逸,要挺拔有挺拔,要气息有气息,自然天成。无怪他的学生黄庭坚说,再让老师怎么写,也写不到这样的水平了。

书法到了宋朝,行书呈现出百花齐放的态势,读书人几乎人人都是书法家、画家,像范仲淹、王安石、欧阳修都有一手好字,武将岳飞的字也是龙飞凤舞。连奸臣蔡京、秦桧的字也写得相当好。皇帝的字画也好,看那个亡国之君宋徽宗赵佶的瘦金体,草书千字文多么劲挺飞动!

在这群星灿烂中,苏东坡是佼佼者。宋四大家,苏、黄、米、蔡,第一个就是苏东坡,接着是苏门四学士的黄庭坚,米是后辈米芾,蔡是蔡襄,字君谟,他的年龄比苏要大,所以有人说这个蔡,是指奸臣蔡京,因为是奸臣,就换成蔡襄了。

不过苏东坡在书法上很谦虚,只是强调自己有创造性,与众不同,而不说自己字好。他说:"吾虽不善书,晓书莫如我;苟能通其意,常谓不学可……端庄杂流丽,刚健含婀娜。"(《次韵子由论书》)

又说:"我书意造本无法,点画信手烦推求。"(《石苍舒醉墨堂》)他说自己是"无法",是"意造",根据自己的意思创作。他强调"通其意",要得书外之意。在《评草书》中又说:"书初无意于佳,乃佳尔……吾书虽不甚佳,然自出新意,不践古人,是一快

也。"在他看来,一味模仿古人是没有出息的,这种思想方法也表现在他的其他行为方式上。

他的字年轻时就好,他第一块碑是在凤阳做通判时写的,他创作了《凌虚台记》并写下来刻石。以后越写越好,后来人们都想得到他的手迹。有一个屠夫,爱好书法,想收集苏东坡的字,就对苏东坡的一个朋友说,你拿东坡的字,可以换我一个羊腿。于是这个朋友便故意常常写信给大苏,苏东坡是个没有任何架子的人,有信必复。于是,那个朋友就拿去换羊腿。后来黄庭坚知道了,告诉苏东坡说那人是在骗你的字,苏东坡觉得好玩,也没当一回事,一笑了之,事后也就忘了。后来那个朋友又写信来,苏东坡因为忙,没及时复信,那位朋友急了,派人来问怎么没回信啊。于是苏东坡这才想起了这件事,便对来人说,请你传话:今天不杀羊!

苏东坡有个脾气,看到好的纸,闻到好的墨香,拿到好的笔,手就痒。所以别人就在他到的地方,摆开好纸、好墨、好笔、好砚。苏东坡一见就情不自禁,挥起大笔,不一会儿,一幅字就写好了。

特别是喝点酒微微有点醉时,或小醉初醒时,苏东坡写字的兴致更高。于是他的朋友就请他喝点酒,边上摆好笔墨纸砚,苏东坡喝了几口就会走过去大书特书,兴致高的时候,会把一刀纸都写完。

他为人随和,一般谁诚心请他写字,他总是不推托的,有时一些歌妓请他写书画、写团扇、写披巾,他也从不摆架子,刷刷地写上去。

关于他写字,还有很多传说。有一次,他和米芾比赛,看谁的字写得又快又好。于是摆开擂台,围观的人里三层外三层,他俩一手拿酒杯,喝一口,写一行;喝一口,写一行。一会儿喝得醉醺醺,字越写越狂,越写越放,看的人都呆了,磨墨的书童也大汗淋漓,要跟不上了。写完后就把书法分送给观众。大家满意而归。

苏东坡自己曾研究过什么情况下字写得最好?

首先是酒后乘兴作书,能出佳作。

写字是艺术,艺术要求自然,最忌造作,人在头脑清醒时,往往为俗务缠绕,受理性制约,放不开,缩手缩脚,越是想写好越是写不好。喝点酒,进入了一种似醉非醉的状态,神经得到麻醉,完全放松了,那写出来的字就如天籁之音,没有一定拘束,所以字往往写得好了。

苏东坡曾说:"仆醉后,乘兴辄作草书十数行,觉酒气拂拂从十指间出也。"(《与黎子云》)

其实写诗也是如此,李白的好诗往往是在半醒半醉中创作出来的,这大概是艺术的通则。

第二,天朗气清、窗明几净的环境中也能出佳作,人的心情舒适安闲,也会自然影响笔端,使字的韵味得到很好表现。苏东坡说:"自言其中有至乐,适意无异逍遥游。"(《石苍舒醉墨堂》)

第三,有时烦闷无聊时,以书作消遣,排怨解闷,也能出佳作。

书法最怕的是急着催着等着要作品,所以现场作书往往写不好。

苏东坡还认为,要写好字,首先是要有基本功;有了基本功后,字的好坏关键还在于品德学养了,他写诗说:"退笔如山未足珍,读书万卷始通神。"(《柳氏二外甥求笔迹》)黄庭坚也说:"大丈夫三日不读书,便觉面目可憎,言语无味",这时写出的字也

俗。苏东坡认为书家必须技道两进,技是末,道是本,艺术家首先要有思想、有学问。

他甚至认为从书家作品可以窥见书家品德高下,《跋钱君》写道:

> 书有工拙,而君子小人之心不可乱也。

绘画

苏东坡对绘画也有很高造诣,他留下来的画不多,但可看出他的创新意识。

他不喜欢工笔细描,喜欢得其意、得其趣,而不必过分重形。他也可算写意画、文人画的创始人之一。

苏东坡很多画还是在完全放松的情况下随手画的,比如画"朱竹",是他在工作之余,随手用批公文的红笔涂抹的。别人问天下哪有红色的竹子?他反问别人,你看到黑的竹子吗?其实,墨竹、朱竹都是他发明的,大自然里并没有墨竹与朱竹,但我们看到画绿色的竹子,反而觉得不舒服。

大家可以比较一下,当时宫廷里都倡导"界画",极工整,极逼真。那当然有很高的资料价值,比如《清明上河图》,但没有趣味,没有多少艺术价值,如同照片。而苏东坡、米芾、梁楷的画,就特有神采。你看苏东坡的《枯木奇石图》,梁楷的"李白",画得何等传神!

苏东坡还为自己的画和别人的画写了大量的题画诗,诗书画结合,这种画龙点睛的传统,只有在中国画里有,西方没有在画上题诗写字的。

他为一个和尚写的题画诗《惠崇春江晚景》,是家喻户晓的:"竹外桃花三两枝,春江水暖鸭先知。蒌蒿满地芦芽短,正是河豚欲上时。"这种"春江水暖鸭先知"的意境和感觉是难以画出的。

唐宋画家都喜欢画马。有一天,王诜送来唐朝韩幹画的马,十二匹,共六轴要苏轼题字。苏轼认为马之美在于自由,显示出生命的力量。他不喜欢关在马厩里的马,认为它失去了本性,太肥了,显不出马的强骨。韩幹这幅牧马图上的十二匹骏马,在平沙细草上,个个争先恐后,显示出马的力量。

他拿起笔在画上写了一首长诗,其中有:"厩马多肉尻脽圆,肉中画骨夸尤难,金羁玉勒绣罗鞍……不如此图近自然。"

他虽在为马被套上金的马鞍、银的马镫而悲哀,其实也在为自己穿金带银,一身紫袍却不自由而悲哀。这样一题诗,使原有的马画更具有画外之意了。

他晚年到金山寺,看到李公麟为他画的年轻时小像,感慨万千,题诗:

　　身似已灰之木,心如不系之舟,问汝平生功业,黄州、惠州、儋州。

这画上一题诗,把一生的经历全部写了出来,看画时的感觉也就完全不同了。

这种效果是西方绘画无法达到的。所以,从严格意义上说,中国写意画是文人的作品,是诗书画合一的高级艺术品,而仅仅只有画面的西洋画则常常是画匠的作品罢了。

文人画从宋朝开始,对后世影响极大,明朝的徐文长就是一

个代表,看他的墨葡萄图,画得多么具有神韵!

半生落魄已成翁,独立书斋啸晚风,笔底明珠无处卖,闲抛闲掷野藤中。

如果没有题诗,我们只看到一串串不成形的、疯狂乱点的葡萄而已。甚至还不知是不是葡萄。读了他的诗,一下子把画家的一生与葡萄联系起来,甚至把中国古代落魄文人的共同遭遇也联系了起来。境界就完全不同了,欣赏的效果也完全不同了。

清代的扬州八怪都受了他的影响。李方膺的《游鱼图》,好多鉴赏辞典都把它理解为《鱼乐图》,但只要细细读一读上面的题诗,就明白不是鱼乐而恰恰是鱼愤。画家在抗议官方不救灾,而要老百姓自救,请看题诗:

三十六鳞一出渊,雨师风伯总无权。南阡北陌槔声急,喷沫崇朝遍绿田。

"三十六鳞"指代鱼儿,鱼儿从深渊一跃而出,为的是什么?因为"雨师风伯"们不管了。老百姓只好"南阡北陌槔声急",没日没夜地车水,就像出渊的鱼,相濡以沫。这难道不是"愤怒的吼声吗"?

再请看李鱓的《岁朝清供图》:

辕门桥上卖花新,舆隶凶如马蹄人。滚热扬州居不得,老夫还踏海边春。

《岁朝清供图》一般是过年时大户人家挂在家里表示吉祥如意的。而这一幅图恰恰相反。画面上也是吉祥的鲜花,但不是插在瓶里,而是撒在地上。如果不看题诗,会感到莫名其妙。看了题诗才知道原来还有一个故事:画家在衙门前亲眼看到衙吏把卖花姑娘的鲜花扔在地上。这揭示了一个现象:世态炎凉,官府凶恶。所以作者说,这滚热的扬州住不得,我还是到海边去吧!

大家所熟知的郑板桥,更是喜欢运用题画诗来表达自己的思想情绪。请看他的《墨竹图》:

衙斋卧听萧萧竹,疑是民间疾苦声。些小吾曹州县吏,一枝一叶总关情。

这些都是诗书画结合的典范,都是直接或间接受了苏东坡的影响。现代人齐白石也是这一派的代表人物,他主张画画不可太似,亦不可不似。"太似为媚俗,不似为欺世。"他的《宰相归田图》画了一位醉倒的宰相,边上是一只空酒坛,凝体是一首:"宰相归田,囊底无钱,宁肯为盗,不肯伤廉。"

还有《不倒翁图》、《老鼠偷油图》都是如此。

现在有人认为在中国画中题诗,是画画得不好,而用诗书来补救,看来这种观点是偏颇的,他没有看到诗书画是一个不可分割的整体。这正是中国画的优良传统。不能因为现在的画家大多不能写诗而否定这个传统。

苏东坡的写意画,说到底,就是他思想风格的写照。

关于书画,还有一点值得提一下,在苏东坡周围已形成了一个"艺术沙龙",他们经常互相切磋,互相学习,所以提高得特别

快,这也是他的一个创造。苏东坡就是这样一个喜欢出新、喜欢创造的不安分的艺术家。

有一幅《西园雅集图》里画的就是苏轼、苏辙、苏门六君子,还有王诜、李公麟等人在一起切磋艺术的情景。

这种互相观摩、交流,通过集体的力量提高艺术水平的形式,对我国书画艺术的发展,其贡献无疑是功不可没的。

智慧人生

公元1100年,朝廷的政治发生了巨大变化,26岁的哲宗皇帝去世,他的异母弟弟赵佶继位。政局一开始在向太后的控制之下,她是想以调和新旧两党,来搞政治平衡。

苏东坡又将被召回来。苏东坡当然高兴,可以见到自己常常想念的家人和朋友了。可是,他在离开时,却写了两句很怪的诗,似乎不愿离开海南岛了。有人说苏东坡在作秀,到底是不是作秀?我们来看诗句:"我本海南民,寄生西蜀州。忽然跨海去,譬如事远游。"诗的意思是,我本来是海南岛人,寄养在四川,现在要离开家乡海岛,跨海而去了,那就去吧,譬如是到四川去做一次旅游。这话看起来完全说反了。明明生在四川,却说是寄养在四川;明明是回到中原去,却说是去旅游。这话到底怎么说呢?

智慧调节

李白是身在山林而心想朝廷,身在朝廷却想回山林。心中总是有一种不平之气,一不顺心就发泄。他的诗可以说都是内心痛苦压抑的宣泄。

和李白不同,苏东坡虽有不平、虽有痛苦,但他善于自我调节,居朝市则不恋山林,居山林则不恋朝市。到哪里都能随遇而安,顺天任运。在朝廷,他担起了一个朝廷命官的责任,为民请命,对国家的大政方针大胆提出自己的看法;在地方上他勤政爱民,造福一方,为改善百姓生活而奔走,所到之处留下了极好的口碑;到山林田园,又安心自修,独善其身。

苏东坡一生几经贬逐,饱受苦难。但在他的几千首诗歌中,很少看到怨天尤人的文字,无论处顺境还是逆境,他始终能保持快乐的心态。

他胸襟博大、开阔,气度恢宏,以顺处逆,以理化情,豪放、达观、明朗。智者钱钟书先生说,一切快乐的享受都属于精神。有人不理解,以为物质条件是首要的,我们不是说物质条件不重要,然而如果是有贪欲的人,那么他的欲望是永远没有止境的,于是他永远感到不满足、永远感到空虚,永远感到不幸福。苏东坡说这叫求福得祸,这不是在求福,而是在求祸。只要基本生活条件满足了,幸福和快乐都在于你自己的精神。幸福不是外界的,而是内心的。

苏东坡是一个真正的智者,他深刻地意识到这一点,他理解自然万物,理解社会人生,从而淡化苦痛,调整心态,化苦为乐,化悲为喜,使自己永远保持心灵的自由和灵魂的轻松。

在被贬期间,他阅读了大量的佛经,研究佛学。他有了一颗佛心,不用归田退隐,便可自我调节,随缘自适。他在海南,常常看儿子苏过与人下棋。他把人生的成败得失也比作下棋,他说譬如下棋,"胜固欣然,败亦可喜,优哉游哉,聊复尔耳"(《观棋》)。

这正如庄子说的:"得者,时也,失者,顺也;安时而处顺,哀乐不能入也。"(《庄子·大宗师》)学佛与学道,使他的诗歌充满了理趣。

诗词中的禅理

他在登庐山时写了一首诗,脍炙人口:

横看成岭侧成峰,远近高低各不同。不识庐山真面目,只缘身在此山中。

这首诗包含了很多道理:
(一)认识事物不容易,每个人看到的都是一个侧面,都是片面的,人往往会被片面的东西所迷惑。
(二)认识自己更难。当局者迷,旁观者清,身在其中,往往反而不易看清,跳出自我,从第三者角度才比较能看清自己。这个自己当然不仅指个人,还可以指人类。
(三)从不同的角度看,会得出不同的结论。对别人要换位思考,要将心比心。

敢于正视自我的人,能将心比心;理解别人的人往往是快乐的、幸福的!

他认识到,人在是非之中,才有是非,如果人能站得高,跳出是非圈子,也就看清了是非,甚至没有是非了,这样就不会把一点是非永远放在心上,而招来不必要的痛苦。

有一天,苏东坡到天目山去玩,山下突然下起了大雨,闪电大作。他站在山上,听到一种像是婴儿在啼哭的声音,就问老和尚,这是什么声音?老和尚说这就是打雷声啊!苏东坡突然顿悟,写了一首诗:

已外浮名更外身，区区雷电若为神；山头只作婴儿看，无限人间失箸人。

这最后一句提到历史上的一个事件，曹操有一次请刘备吃饭，曹操对刘备说，"天下英雄唯使君与操耳"，刘备听了大吃一惊，因为他是伪装成没有雄心壮志的人，现在被一语道破，将大祸临头，吓得把筷子也惊落在地，这时正好有一声巨雷，刘备借口怕雷，来掩饰自己因听了曹操的话而吃惊的心思。

为什么同样是雷声，刘备听了会这么怕，而站在山头的苏东坡听起来像是婴儿的哭声？因为各人所处地理位置不同，心态不同。一个是心虚，怕被识破心机；一个是无所用心，坦坦荡荡。而这不同的心态何来？刘备的一切都为了争夺天下，当然时时处处战战兢兢，而站在山上的和尚与苏东坡可以把一切看淡。诗的第一句说"已外浮名更外身"，这是关键，如果把名利地位看淡，那么再大的雷声对他来说不过"区区"的婴儿啼哭而已。

前不久看到一则报道说，一个曾经身经百战、在枪林弹雨中冲锋陷阵的将军，晚年玩起了古董。有一天，不小心撞了一下橱柜，古董摇摇欲坠，他急忙冲过去抢救，吓出了一身冷汗。事过之后，他想，我在战场上再危险也不怕，怎么这点东西会吓得我手脚冰冷？反复思考，他悟出一个道理，自己对这个身外之物太在乎了。当你太在乎它时，就会斤斤计较，一点都不豁达了。于是，他拿起那个古董，摔在地上，以表示对这些玩物不必太在乎。"玩"的目的，是为了开心，如果带来的是不开心，还不如不玩。

有的时候我们应该站在是非之上，当一个人站在是非之上的时候，是非就不存在了。一个人天天钻在是非圈子里，是可悲的！所谓淡泊以明志，这是淡泊的重要内容。不要以为淡泊仅

——黄玉峰说苏轼

仅是把金钱看淡。

这就是智慧,这就是真正的智慧人生。关于人生的智慧,苏东坡还有好多诗。我们再举一首诗,写得极好:

莫言琴上有琴声,放在匣中何不鸣?若言声在指头上,何不于君指上听?

这首琴诗,完全是大白话,几乎是信手写来,但实在是一首又通俗又深刻富于理趣的好诗。这首诗说,我们听到美妙的琴声,那琴声是从何处发出的?如果是琴本身发出的,那么琴放在匣子里,为什么没有声音?如果说是手指发出的,那么为什么不能从手指上去听?其实,还不致如此,如果我是聋子,那么也就不会听到琴声了。你看连一种声音也需要有多种条件才能发出,才能听到,何况其他?这首诗体现了他对佛教中所阐述的一个基本道理的理解。

佛教的一个基本观点,就是认为世间的一切都是由因缘和合而成,任何事物都没有自己独立的"自性",也就是说,任何事物都是由各种条件组成的,一切都是无常的,变动不居的,没有了任何一个条件,也就没有了这个事物,就不是"有"而是无,就失去了原来的常态。比如说,人是由金、木、水、土等物质,即所谓四大组成的,有温度,有骨骼,有气血,少了一样,也不成其为人。就像琴声和手指、耳朵一样。所以归根到底"有来自无"、"实来自空"。从这个意义上讲,佛教推出"四大皆空"的道理。

再仔细想想,这首诗其实瓦解了我们的一个常识,使事物的"独立性"成了一个疑问,世上没有独立不依的东西。我们往往会认为"这一个"就是"这一个",其实不是,一切都是在动的、不

可把握的。想通这个道理,我们会不由自主地思绪万千,情感起伏,似乎看到了事物的多面,体会到了精神的丰富。理解到不必太执著于某事某物。读了这首诗,我们是否会悟到什么?是不是会得到一种心灵的愉悦?

我们将不再过分执著于某种拥有,我们会把一切看得淡些;相反,我们会更看重内心的感受,看重自我的修养。

这时你的境界就提升了,你的素质就提高了。

苏东坡正是用这样的心态,来对待自己的挫折和困顿。

苏东坡诗歌中表现出来的禅风佛骨还有很多,就说大家所熟知的《饮湖上初晴后雨》,也是隐含着深刻的道理:

> 水光潋滟晴方好,山色空濛雨亦奇。欲把西湖比西子,淡妆浓抹总相宜。

这首诗一般人都理解为写西湖之美,把它比作西施,这没错。但我们再细细想想,为什么他能看到西湖晴雨皆美?而有的人就会抱怨秋雨绵绵,有的人又会抱怨日头太毒的夏天,反正晴也不好、雨也不好,秋也不是、春也不是。为什么同样的景色,有人觉得下雪也好,刮风也好?有的人就不以为然?关键还在你的心境。其实,这首诗的潜台词是:在富有内心修养的人看来、在心中愉悦欢乐的人看来,一切都是美的,这是一种情趣,也是一种理趣。归根到底,与美妙的音乐一样,美来自你心灵的感受。

禅宗说,发慧之后一切皆美,处处皆具佛理的境界。只要有开朗的心态,开阔的胸襟,旷达的品性,那么,无论下雨、刮风、打雷、飘雪,都是美好的。无论是一朵花、一棵草、一粒沙,都是可人的。

他的那首《定风波》中"回首向来萧瑟处,归去,也无风雨也无晴"的句子,同样也是阐述这个理趣。

道无处不在。

我们再来看这首《宿东林寺》:

溪声尽是广长舌,山色无非清净身;夜来八万四千偈,他日如何举示人?

苏东坡在经历了"乌台诗案"这百日牢狱之灾和五年的黄州锻炼后,于元丰六年(1084年)自九江登上庐山。在游览过程中写下有关庐山的三首诗。《题西林壁》我们前面已提到。还有两首就是《宿东林寺》和《观潮》。

在《宿东林寺》中,苏东坡将夜里所听到的哗哗的溪声,比喻成广长舌;"广长舌"是佛的三十二相之一;舌广而长、柔软红薄,能覆面至发际。在苏东坡看来,佛陀的声音遍布在大自然中,潺潺的流水声,就是佛陀的说法声。青草翠木便是佛陀清净的法身!佛性乃一切生命最根本的属性,是最持久的金刚不坏之性,它在你身上、在自然草木身上,都可以说无处不在。你静下心去体悟,任何事物都可以成为你心灵的镜子,引导你回到自己的内心,发现自己心中潜藏的珍宝。一夜之间,佛陀通过万物所说的法,就已经是不可尽数了。我们在万物之间悠游,就如同掉进了佛法的宝藏中,身边充满了无价之宝,简直可以说是取之不尽呢,无论拿到哪样,都是再好不过的事了。但是我悟到的处处有道这个道理,"他日如何举示人",明天又怎么告诉别人呢?

同样的道理,那首《观潮》说得更是妙不可言:

庐山烟雨浙江潮,未到千般恨不消。及至到来无一事,庐山烟雨浙江潮。

没来时,多么盼望来看一看这"庐山烟雨浙江潮",等到看到了,哦,原来不过就是"庐山烟雨浙江潮"。这首诗从另一个角度说出了世上一切,不管有多么稀奇古怪,或者是多么平凡,都无不体现着"道"。换句话说,就是"路就在你的脚下",世界原来就是这样!

那首有名的《和子由渑池怀旧》,是苏轼25岁时的作品,可见,苏轼早有佛性。全诗如下:

人生到处知何似,恰似飞鸿踏雪泥;泥上偶然留指爪,鸿飞哪复计东西?

老僧已死成新塔,坏壁无由见旧题。往日崎岖君记否?路长人困蹇驴嘶。

嘉祐六年(1061年),苏轼接到弟弟苏辙寄来的诗《怀渑池寄子瞻兄》,提到六年前兄弟俩随父亲赴京经过渑池,当时,马已累死,骑驴至此,宿于僧舍,题诗于壁。苏辙的诗写得较一般,其中有"共道长途怕雪泥"和"旧宿僧房共壁题"。这首诗激发了苏轼关于人生的思考。苏轼似乎感到,一件件往事都是人生轨迹中偶尔留下的标点。以时间计算的人生就是由这些标点组成的。那么人生到底是什么?它是真实存在的吗?它依靠什么来证明?他由蹇驴印在雪泥上的脚印想到了人生的足迹。由雪想到足迹的容易消失;由自己的行色匆匆想到"飞鸿"的意象。这"恰似飞鸿踏雪泥",把人生短暂表达得再确切不过了。人生如梦,转眼即逝。凡事皆会过去,再努力回忆也无济于事。人与人之间,从暂时的分离到永久的诀别,谁都无法避免。难道你人生中的一切,不像是泥上偶然留下的爪印吗?人总要往前走,日子总要过下去,你无法留住那曾经拥有的一切,所以执迷于过去,是最愚蠢的。

如此年轻的苏轼,已经有了这样的悟性,这说明他天生有慧根。有些人是直到老死也不能悟出这个道理的。

处处显智慧

不但在诗篇里,更多的是在文章中、在日常生活中,体现出苏东坡的人生智慧。请看他在初到海南时的小品文《在儋耳书》(《试笔自书》):

覆盆水于地,芥浮于水,蚁附于芥,茫然不知所济。少焉水涸,蚁即径去,见其类,出涕曰:"几不复与子相见,岂知俯仰之间,有方轨八达之路乎?"

一盆水被打翻在地,一粒菜籽浮在水面上,一只蚂蚁爬在菜籽上,蚂蚁茫然不知怎么逃生。一会儿,水干了,蚂蚁径直逃去。遇见它的同类,流着眼泪说:以为这一辈子见不到你们了,哪知道抬头低头之间,到处都是四通八达的路啊!

是啊,只要想到人谁不在海岛中,那一切都释然了。人和蚂蚁有什么两样呢?

蚂蚁的故事给了我们多少启示啊!一个人如果有了苏东坡这样的境界,那还有什么困难挫折能使你绝望悲伤而不能自拔!

再看他在惠州写的《记游松风亭》：

> 余尝寓居惠州嘉祐寺，纵步松风亭下，足力疲乏，思欲就亭止息。望亭宇尚在木末，意谓是如何得到？良久忽曰："此间有甚么歇不得处！"由是如挂钩之鱼，忽得解脱。若人悟此，虽兵阵相接，鼓声如雷霆，进则死敌，退则死法，当恁么时也不妨熟歇。

要登亭子，亭子还在树梢头，人已很疲劳。突然想到，为什么不能就地休息呢？于是忽然得到解脱。其实人生何尝不是如此呢。

是啊，哪儿息不得呢，何必非要到亭子里去？

这一切，可以说是苏东坡的"人生密码"，正是在这样的心境下，他才会说无论到哪儿都快乐，成了一个不可救药的乐天派。

有了这样的境界后，他就可以调整心态，充分享受大自然的恩赐。他在《赤壁赋》中说："唯江上之清风与山间之明月，耳得之而为声，目遇之而成色，取之不禁，用之不竭，此造物主之无尽藏也。"

有了这样的境界，他就无可无不可，在朝廷也可，在地方也可，被贬谪也可。

有了这样的境界，他就能把贬官黄州说成是鸟儿飞出笼子回到山林。

有了这样的境界，他到了岭南就会说："日啖荔枝三百颗，不辞长作岭南人。"

有了这样的境界，他到了海南岛都能说："他年谁作舆地志，海南万里真吾乡"，"沧海何曾断地脉，白袍端合破天荒。"

——黄玉峰说苏轼

  苏东坡对人生有透彻的理解,他是说人生在哪里都不重要,关键是你怎么看,只要你悟到你不过是无数"缘"的合成;只要你看到人生在世,"心安"最重要,你就有了安身立命的地基,你就能做到"此心安处是我乡"。这不是小聪明,这是大智慧,是智慧人生!

  李泽厚先生说,苏东坡一生并未归隐,也从未真正地归田,但他通过诗文表现出来的那种人生空漠之感,比任何口头上或事实上"退隐"、归田、遁世的人更深刻、更沉重。他是一个真正的智者。他通过对儒道释的贯通,达到了真正的高人境界。

  他成了中国历代知识分子真正的标杆!

圆满人生

苏轼离开海南后,辗转来到了常州,并在这里走完了六十五年的人生。

北归

元符三年(1100年)三月,苏东坡在海南岛得到确切消息,他将被允许回归中原。这个消息是一个叫吴复古的道士跨海送来的。这个道士,实在是个谜,他总是在苏东坡最困难的时候出现在他的身边。他说,朝廷将让苏东坡移居廉州(今广西合浦)。不几天正式文书也到了。哲宗逝世,赵佶(徽宗)即位,举行登极大赦。苏东坡六月十七日迁于合浦。由于徽宗得了皇太子,又进行一次恩赦,苏东坡获授予舒州团练副使,永州(今属湖南)居住,在梧州(今属广西)与苏迈相约,搬家梧州。

十一月又命授于成都提举玉局观,自便居住。

从此苏东坡的流放生活才告结束,获得个人在生活上的自由。所谓提举成都府玉局观,完全是一个徒有虚名的闲职,但对苏东坡来说,已是幸事,他自己说"七年远谪,不自意全,万里生还,适有大幸"(《提举玉局观谢表》)。

苏公北归,同行的有他的小儿子苏过、来报讯的好朋友吴复古,还带着一条识人性的狗,叫乌嘴。苏东坡曾夸它有灵性,"知我北归,掉尾欲舞"。

北归途中,苏东坡的心情是复杂的,回顾岭南、海南的流放生活,如一场噩梦,当时同遭贬逐者,大多经受不住生活的折磨,相继死去。

跟随苏东坡的仆卒也有六人死去。当苏东坡翻过大庾岭时感慨万千。其实,大诗人早就做好死在岭南的准备。他早已写下遗嘱,并在岭南买了墓地,准备了棺木。现在总算活着回来了,但面临的第一个问题是到哪里去?苏东坡经过再三考虑,决定辞去官职,申请退休到江苏常州养老,安度晚年。

终老常州

有一个问题一直缠绕着人们。就是为什么苏东坡要把常州作为终老之地?既然把常州作为终老地,又为什么重新立下遗嘱,死了要葬到河南汝州?

当时,苏东坡的终老之地至少有以下几种选择:

一是到四川,四川是他的家乡,父母发妻的坟墓都在那里,四川是生他养他的地方,他应该回故乡。但最终被苏东坡否定了。因为盘缠不够,几年的流放,家庭分散几处,虽有弟弟苏辙的帮助,但一家三十几口人,开销太大,他的积蓄几乎全部用完,还欠了债。如果再要三十几口人长途跋涉去四川,花费太大,不堪负担。回到四川至少需要一年半载的路途颠沛,65岁的他也经不起长途跋涉。他离开家乡已三十多年,很多人事都已生疏,社交圈子基本不在那儿了。孩子们都不是在家乡出生的,甚至

连家乡话也不会说,他不得不为孩子们考虑。

二是到河南汝州,苏辙一再劝他前去。他本来也是决定前往的,已经写信给了很多朋友,告诉他们说准备到汝州去养老。但后来得到消息,看到京都政局又不稳,汝州靠近京都,是是非之地,他在北上时早已写诗说:"芒鞋不踏名利场,一叶轻舟寄渺茫。林下对床听夜雨,静无灯火照凄凉。"他不愿再纠缠肮脏的政治,所以最后还是决定不去汝州。

第三个选择是到常州。

原因之一,早在43年前,即他22岁登科时,皇帝赐琼林宴,在宴会上同科进士坐在一起谈起自己的家乡。一个叫蒋之奇的在宴会上大谈他的家乡宜兴怎么好,当时宜兴叫阳羡,属常州。说得苏东坡心动,和他订了"鸡黍之约",就是取孟浩然的诗"故人具鸡黍,邀我至田家"之意,相约老了后,到常州居住。熙宁六年(1073年),苏东坡在杭州做通判时,在好友的陪同下,苏东坡曾畅游阳羡,秀美的山水、淳朴的民风,使苏东坡大为感动。写诗说"买田阳羡吾将老,从来只为溪山好"。这"溪山好"是苏东坡居常州的重要原因之一。

原因之二,因此苏东坡早就托人在常州买了田买了地。苏东坡在惠州海南流放时,他的大儿子迈、二儿子迨,及其他家属基本上都在常州。

第三个原因,他在常州有很多好朋友。他模仿屈原写到:"吾行四方而无归兮,逝将此焉止息","独徘徊而不去兮,眷此邦之多君子。"(《哀词》)苏东坡一生好交游,为人幽默风趣、豪爽,正直朋友众多。常州现在知道其名的好友就有十多个,如蒋之奇、胡宗愈、单锡、单锷、邵民瞻……还有报恩寺的和尚长老,都是知心至交。

苏东坡决定卜居常州还有一个重要因素，也可以说是最重要的原因，就是他与常州百姓有着深厚的情感。他本来就爱民如子，政治上的波折又拉近了他与常州的距离。有次笔者去常州，那里的人还告诉笔者一个真实的故事：苏东坡通判杭州期间，常州地区遇旱闹饥荒，苏东坡奉命前往常州赈灾。那一天是大年三十，船已到了城门下，因为是除夕夜，早早关了城门，在欢度春节，祈祷来年好运，城里传来热烈的鞭炮声，苏不想打扰他人，船就停在城门外。在寒冷的夜晚，一个人孤零零地度过了除夕夜，他还写了两首诗，记录了当时的心情。

在船上，他看到郊外草棚中老百姓的灯火闪着，看到他们大年三十还在吃菜咽糠，心情特别沉重。

行歌野哭两堪悲，远火低星渐向微。病眼不眠非守岁，乡音无伴苦思归。重衾脚冷知霜重，新沐头轻感发轻，多谢残灯不嫌客，孤舟一夜许相依。

大家想一想，这样一个一心只为老百姓的父母官，老百姓怎么能不尊敬，不拥戴？

元丰六年(1083年)，他又上了《进单锷〈吴中水利书状〉》，推荐水利专家单锷，要求朝廷兴修水利，防止灾荒再现。他为常州水灾而奔波，访贤纳士，这才真叫人民公仆。

由于以上这些原因，苏东坡认为与常州有缘，决定作为终老之地，不料他到常州之后病情加重，不久死在顾塘桥孙氏馆。

笔者春节前去常州，旧址还在，老屋正要拆迁造新房。当地苏东坡研究会的会长陈弼先生和副会长苏东坡的后裔苏忱先

生,对笔者讲了一件事。十年前,有人拍卖一幅《舣舟亭》,舣舟亭是苏东坡到常州上岸系舟的地方,被大连人买去了。他们后来派人用五倍的价钱去赎,结果没赎回,这成了常州人心中的痛。

既然死在常州,为什么不葬在常州,或葬到四川家乡,而是立下遗嘱要葬到河南汝州郏县的小山上去呢?

其实,他何尝不想像他父亲那样,运尸到四川,《卜居赋》中说:"念我先君,昔有遗言,父子相从,归安老泉。"但,如上所说,四川太远,没钱去不得,他如果不立个遗嘱,儿子们定会把他运回去,那要耗费多少钱财,他想自己活的时候,拖累了这么多人,死了不能再拖累孩子们了。可以设想,一大群人拖着一口大棺材,走几千里的水路山路,那是何等艰难!苏东坡不能因为自己拖累儿孙。

再说,还有一个政治原因,当时发生了这样一件事,他家乡有个姓赵的两兄弟,因为二苏被贬,就为这家乡人不平,反抗政府,结果赵捻兄弟被杀,妻子父母被流放。这给二苏帮了倒忙,若苏东坡尸体运回四川,也会惹来麻烦,给人以话柄。

当然,就近葬在常州,也不失为一种考虑。但是,要知道,苏东坡死时最大的遗憾,是没有见到日思夜想的弟弟苏辙,现在,去世了,他也要和弟弟在一起。何况,后辈们到汝州,可以得到弟弟的照顾。有幸的是,十一年后,他弟弟苏辙去世后,便与哥哥葬到了一起,后人又把苏老泉的衣冠也埋在那儿,这就是人们常常去瞻仰的"三苏坟"。

不过人们往往有个疑问:为什么苏东坡从海南回来时还好好的,怎么到常州就这么快忽然病重了呢?

——黄玉峰说苏轼

东坡病因

这里有几个因素：

（一）苏东坡毕竟是65岁的人了，在惠州和海南住了七年，已经习惯了南方的气候，突然一变，生活上很不适应。

（二）从海南回来，当然很兴奋，一路上千里之遥很累，并不觉得，但快到了目的地就一下子垮了下来。你想想他们在路上走走停停，从元符三年（1100年）三月到建中靖国元年（1101年）六月，到常州走了一年多，可谓精疲力竭。

（三）一路上湿气太重，农历六七月，天气异常炎热，苏东坡后来改走水路，船上潮湿，晚上蚊子又多，没有帐子，几乎是喂蚊子。

另外，还有一个精神上的因素，那就是秦观之死。

苏东坡在途经雷州时，见到了自己最得意的弟子秦观。秦观性格不开朗，写诗给苏老师说："别后悠悠君莫问，无限事，不言中。"苏东坡一再劝说，也无济于事。

临别时，秦观还赠了一首自挽诗给老师。想不到两个月不到秦观就在广西藤州去世。苏东坡虽参破生死，了悟福祸，但毕竟没有达到心如止水、身似槁木的程度，得到秦观去世的消息，两天吃不下饭，连连悲叹。秦观要小苏轼十多岁，如今先老师而去，怎不令东坡老人悲痛？苏东坡亲自为他写了悼文：

> 哀哉痛哉，何复可言！当今文人第一流，岂可复得！
> （《与欧阳元老》）

他为失去了这样一个天才而惋惜！他为自己失去了这样一个朋友而悲伤！

苏东坡决定掉过头，赶到藤州，到灵前放声一哭，以寄托内心的深切哀思。可是，路上又过了一个多月，等他赶到时，秦观的尸体早在半个月前已被他女婿运走。苏老先生在路边久久站立，老泪临风，无限悲伤，这次折腾也消耗了他的生命。

孔夫子在颜回死时，也是痛哭流泪，大呼："噫，天丧予，天丧予。"

就这样，一年的旅途劳顿，以舟楫为家，生活又极不安定，这一切早已使诗人精疲力竭。再加上连日失眠，形神交瘁，河道重污，秽气侵人，他终于病倒了。

苏东坡精通医道、药道。一般说来医生是不给自己或自己的父母子女看病的，就像外科大夫不给自己人开刀一样，但苏东坡却非常自信，就给自己开了药方。

他叫人买来黄芪煮粥，黄芪是补气固表的药。吃过后，好了一点，但几天之后，忽然大作，腹泻不止，胃胀，消化系统完全紊乱，他在给米芾的信中写道："某食则胀，不食则羸甚，昨夜通旦不交睫，端坐饱蚊子耳，不知今夕如何度。"（《与米元章》）

在苏东坡死后九百年，有一些高明的医生，研究了苏东坡吃的药后认为，苏东坡是误用了药物。他用的主要有三味药：麦门冬、人参、茯苓。人参、茯苓都是温药，用于补气，看来东坡先生当时认为身体比较虚弱，要补补元气。而这时他的主要问题是"瘴气"，也就是一种湿热。应先治热毒，以后再补气。湿热已相当重了，而且兼有心肺、血液等多种疾病。结果病情加重，以致越来越重，一病不起。

这实在是很遗憾。如果在今天,苏东坡的病决非不治之症,不过是内热太重,造成各系统的全面紊乱。其实他本来体质很不错,如果对症下药,完全可以治愈。

巨星陨落

六月上旬,苏东坡预感到自己的大限快到了,给弟弟写信,嘱托后事,"既死,葬我嵩山下,子为我铭"。

也就是我死了后,把我葬在嵩山下,你为我写墓志铭。

他又把自己在海外完成的《论语说》《书传》《易经》这些学术著作全部托给了好朋友钱济明,并告诉他暂时不要示人,三十年后,会有知音。

他凄苦地对钱世雄说:"不料万里生还,却将后事相托。"

这几天,他的病时好时坏。他的朋友钱世雄,以及学生辈如米芾等常来看他,陪他一起看看诗文。到七月十二日觉病势稍轻,他要了纸笔,起来抄了"惠州江月五首"给钱济明,第二天又作了"跋桂酒颂"赠给钱。

大家以为他的病转危为安了,其实这并非吉象,不过是回光返照。到七月十四日晚上病情恶化,一夜高烧,牙床出血,他在给钱济明的短信中说:"一夜发热,齿间出血如蚯蚓无数,迨晓乃至,困惫之甚。"

这时他药已吃不进去,而且无法平躺,日夜都只好倚在床头,晋陵县令陆元米送来一副懒板,类似现在的躺椅,靠在上面稍稍平静了些。接着几天,便常常处于昏迷中。十八日,他将三个儿子叫到床前,交待后事,说:"吾生无恶,死必不坠",回顾一生,光明磊落,无怨无悔,自信能升入自由自主的精神

天国。

他对生命意义的透辟理解、对人生世界的深刻领悟,消除了濒死时的痛苦和对死亡的恐惧。

二十三日,苏轼从昏睡中醒来,看到径山寺长老、他的老朋友维琳的名片,知道他冒暑从几百里之外前来探病,感激不已。便邀请他在晚上凉快时来对榻谈心。

他们谈的当然是人的生死问题,以后几天,维琳天天守在病榻边,苏东坡乃写诗给他。

二十六日,他做了一个梦,梦中写了一首诗,醒后还记得,这首诗有十二句,实际上是他一生的总结。最后两句是:

至今不贪宝,凛然照尘寰。

这一天,维琳还与苏东坡说偈,苏东坡也加答一偈:

大缘像有身,无身则无疾,平生笑罗什,神咒真浪出。

维琳不懂"神咒"的典故,苏东坡要解释,话已讲不清,就用笔写了三十一个字作解释,说是高僧罗什病急,令弟子诵咒语以免除灾难,结果还是死了。意思是讽刺罗什不能坦然地面对死亡,而自己已顺其自然,从容面对死神。这三十一个字成了绝笔。

二十七日,病情恶化,上身火烫,下身冰冷。

二十八日,他呼吸渐渐微弱,进入弥留状态,维琳长老贴着他耳朵大呼:学士不要忘了西方极乐世界!

苏东坡微弱地回答,西天也许有,我着力不得。

——黄玉峰说苏轼

钱世雄也凑近苏东坡耳畔大声喊,你平生已到这个境界了,现在更需用力。

苏东坡又答道,还是听其自然,用力就不对了。

他大儿子苏迈走上去问,父亲还有什么话,苏东坡已闭上眼睛,不再说话。一颗伟大的心脏停止了跳动。

这一天是建中靖国元年,即公元1101年阴历七月二十八日。离今天906年。

苏东坡死了,离开了他热爱的人世间,到另一个世界去了。他一生生活如此丰富多彩,做了这么多好事、善事、有趣事,写了那么多诗文,给后人留下了这么多的遗产,他的人生应该是没有遗憾了。

明朝有一位大诗人、大书画家徐渭说:"大苏无憾事,只佞江瑶柱。"他的意思是说,苏东坡一生没有遗憾了,如果说有遗憾,那就是还不懂美食,说苏东坡只说"瑶柱"好吃。瑶柱是蛤类开合的那一段筋,圆柱形的,上海南货店里一般叫干贝。这是开玩笑的话,实际上是说苏东坡应该没有什么遗憾了。

可是苏东坡自己说是有遗憾,他最大的遗憾是他的弟弟来不及给他送行!他说:自从贬海南之后,我们兄弟再也没见过了,倘若从此永诀,"此痛难堪,其余皆无足言矣"。然而他只能说这是命啊!

苏东坡死讯很快传遍全国,大江南北举国悼念,山河同悲,他的学生们、朋友们、和尚们、道士们、平民百姓、各界人士自发地举行了各种吊唁活动。设灵台哀悼的诗文挽联更是数不胜数,其中最好的一篇是苏门六君子之一李廌的祭文,就是那个没有被苏东坡录取的李方叔!其中有这样几句话,我们抄录于下,作为本书的结语：

　　道大不容，才高为累，皇天后土鉴平生忠义之心；名山大川，还千古英灵之气。识与不识，谁不尽伤？闻所未闻，吾将安放！（《曲洧旧闻》）

苏轼名言

苏轼名言

○拣尽寒枝不肯栖,寂寞沙洲冷——《卜算子》

（特立独行,风骨凛凛,决不随声附和,人云亦云）

○莫嫌荦确坡头路,自爱铿然曳杖声——《东坡》

（东坡写照）

○一点浩然气,千里快哉风——《水调歌头》

（有此浩然之气,人生还怕不快哉）

○我坐华堂上,不改麋鹿姿——《和陶饮酒二十首·其八》

（即使在朝廷,也能保持自然的本性——野性。何等难能可贵）

○尘容已似服辕驹,野性犹同纵壑鱼——《游庐山》

○老弟与温公相知至深,始终无间,然多不随耳——《致杨元素》

（不随是东坡的宣言）

○超然自得,不改其度——《与元老侄孙》

（能不改其度者,要有何等定力）

○凛然相对敢相欺,直干凌云未要奇——《王复秀才》

（正气凛然,宁折不曲）

○浩然天地间,唯我独也正——《过大庾岭》

（一身正气,顶天立地）

○今之学者,有书不读,为可惜也——《李君山房记》

——黄玉峰说苏轼

(世上最好的东西,莫过于书。至乐在读书中)

○人欲无穷,物足有尽超然物外,无往不乐——《超然台记》

(超然物外,便得至乐)

○君子可以寓意于物,而不可以留意于物——《宝绘堂记》

(物不可少,但不可执著于物质。尤其在物欲横流的今天)

○今天下以为利,陛下以为义;天下以为贪,陛下以为廉——《上皇帝书》

○天下归往谓之王,人各有心谓之独夫——《上皇帝书》

(王与独夫的区别仅仅在于天下事是否归心。这话胆敢对着皇帝说)

○昔之君子,惟荆是师;今之君子,惟温是随,所随不同,其随一也——《与杨元素书》

(看上去某些人所跟的人不同,但本质上是一样的)

○重重叠叠上瑶台,几度呼童扫不开——《花影》

(花与影的美妙组合。无一花字影字,却句句写花,句句写影)

○只恐夜深花睡去,故烧高烛照红妆——《海棠》

(不是以花喻人,而是以人喻花。其爱人之情何等深厚)

○多情却被无情恼——《蝶恋花》

(多情人烦恼多)

○高情已逐晓云空,不与梨花同梦——《西江月》

(以梅之高洁超逸喻朝云之情操,并以不能梦见为悲。梨花者老东坡也)

○不似天涯,卷起杨花似雪花——《减字木兰花》

(虽沦落海南,却将杨花与雪花视同一物,其旷达如此)

○似花还似非花,不是杨花,点点是,离人泪——《水龙吟》

(柳絮虽称杨花,毕竟非花,却是泪花)

苏轼名言

○ 十年生死两茫茫。不思量,自难忘——《江城子》

（人间有真情）

○ 天涯何处无芳草——《蝶恋花》

（心逝物外,处处美好。人欲无穷,则处处烦恼）

○ 但屈指西风几时来？又不道流年暗中偷换——《词仙歌》

（生命苦短,岁月似流,应倍加珍惜）

○ 不识庐山真面目,只缘身在此山中——《题西林壁》

（人永远难以认识自我）

○ 春江水暖鸭先知——《惠崇春江晚景》

（所谓先知,在于深入实践,见微知著）

○ 事不目见耳闻,而臆断其有无,可乎——《石钟山记》

（实践出真知）

○ 若言声在指头上,何不于君指上听——《琴诗》

（世上无独立存在之物,一切皆缘）

○ 人生到处知何似？应似飞鸿踏雪泥,泥上偶然留指爪,鸿飞那复计东西——《和子由》

（人生短暂,光阴似箭,一切皆空）

○ 人似秋鸿来有信,事如春梦了无痕——《正月二十日》

（人生似有规律,但一切都将归于无）

○ 燕子楼空空锁楼中燕——《永遇乐》

（浩叹人生短暂,世事变幻。但并不消极,而是豁达穷通）

○ 梨花淡白柳深青,人生看得几清明——《和孔密州》

（人生有限,机遇难得,要分外珍惜）

○ 君臣一梦,今古空名。但远山长,云山乱,晓山青——《行香子》

（看淡名利,观赏自然）

——黄玉峰说苏轼

○ 人有悲欢离合,月有阴晴圆缺,此事古难全,但愿人长久,千里共婵娟——《水调歌头》

(残缺美,在残缺的人生中寻找美丽)

○ 此生此夜不长好,明月明年何处看——《阳关曲》

(今天的美好总将过去,一切是过程)

○ 一年好景君须记,正是橙黄橘绿时——《赠刘景文》

(尽管荷尽菊残,仍有橙黄橘绿的美好,从凋零中寻生机)

○ 谁道人生无再少?门前流水尚能西,休将白发唱黄鸡——《浣溪沙》

(只要永远向上,便能永葆童心)

○ 早知臭腐即神奇——《次韵郭功甫》

(尽管历尽磨难,体衰年老,仍能自由翱翔)

○ 九死南荒吾不恨,兹游奇绝冠平生——《六月二十夜》

(人间无正味,美好出艰难)

○ 旧书不厌百回读,熟读深思子自知——《送安秀才》

(读书无捷径,熟读深思而已)

○ 博观而约取,厚积而薄发——《稼说》

(博然后能精,厚然后能发)

○ 退笔成山未足珍,读书万卷始通神——《柳氏三甥求笔迹》

(学书法不能速成,学好书法还需要读书)

○ 劝我试求三亩宅,从公已觉十年迟——《次荆公四绝》

(敢于认识错误,善于体贴老人)

○ 流膏迸液无人知,阵阵腥风自吹散。根苗一发浩天际,万人鼓舞千人看——《石炭诗》

(发现煤的场面,写得多么生动。为什么?因为它解决了百姓的生计!)

○我欲嗔小儿,老妻劝儿痴。儿痴君更甚,不乐愁何为——《小儿》

(在妻子面前,东坡就像个孩子!这是何等的天真)

○腹有诗书气自华——《和董传留别》

(学问首先是积累)

○论画以形似,见与儿童邻——《书鄢陵王主簿所画折枝》

(艺术之妙在似与不似之间)

○赋诗必此诗,定非知诗人——《书鄢陵王主簿所画折枝》

(读诗解诗,要有联想)

○吾文如万斛源泉,不择地而出——《文说》

(东坡,天才也)

○唯歙砚涩不留笔,滑不拒墨,二德相兼——《评歙砚》

(人应该有爱好,从爱好中悟道)

○短长肥瘦各有度,玉环飞燕谁敢憎——《东坡谈书法》

(只要写出自己的风格,就是高超的艺术)

○人能碎千金之璧,不能无失声于破釜;能搏猛虎,不能无变色于蜂虿——《黠鼠赋》

(有无思想准备,大不相同)

○长恨此身非我有,何时忘却营营——《临江仙》

(吟我超然诗,洗我蓬之心,淡然处世,从营营中解脱出来,专注于钟情的事业,乃人生之道)

○来往一虚舟,聊从物外游——《菩萨蛮》

(超然物外,随遇而安,听天任运,天往不乐)

○休对故人思故国,且将新火试新茶,诗酒趁年华——《望江南》

(不要沉溺于过去,且享受每一天)

○人间有味是清欢——《浣溪沙》

（清风清水清茶清静，且享受这人生清欢）

○我性喜临水，得颍意甚奇——《泛颍》

（上善若水，爱水者智，爱水者仁）

○暮鼓晨钟自击撞，卧听萧萧雨打窗——《书双竹湛师房》

（清静无为，人之大福）

○思无邪——《恩堂记》

（崇道无为，少思寡欲乃善意生之道）

○浮名浮利，虚苦劳神。叹隙中驹石中火梦中身——《行香子》

（此言足以戒贪）

○静故了群动，空故纳万境——《送参寥师》

（静，才能知外物之高；空，才能识万事之妙）

○至静无求，虚中不留——《书黄送辅》

（人生如下棋，输赢又如何）

○回首向来萧瑟处，也无风雨也无晴——《独觉》

（回头看，无是无非，无苦无了，如此，又何必太在意眼前的成败得失）

○归去来兮，吾归何处——《满庭芳》

（崇尚自然，回归自然）

○此心安处是吾乡——《定风波》

（白居易诗云：无论海角与天涯，大抵心安即是家，安身立命最重要）

○功名如幻何足计，学道有涯真可喜——《送仲伯遗》

（功名富安都是假，唯有读书方是真）

○唯道之公与道俱融——《采日月华》

（道法自然，天人合一）

○画竹必先得成竹于胸中——《文与可画竹》

(此乃艺术创作的不二法门)

○ **常行于所当行,常止于所不可不止**——《答谢民师》

(文贵自然。也是艺术之道,处世之道,为人之道,成功之道……)

○ **有如兔走鹰隼落,骏马下注千丈坡,断弦离柱箭脱手,飞电过隙珠翻荷**——《百步洪》

(水波冲泻,四句七种形象,共点一个"快"字,妙极)

○ **自出新意,不践古人**——《东坡题跋》

(文艺创作的生命力)

○ **出新意于法度之中,寄妙理于豪放之外**——《书吴道子画后》

(此乃先生文艺创作经验,在掌握规律基础上出新意,在无拘无束中寄妙理)

○ **无事以当贵,早寝以当富,安步以当车,晚食以当肉**——《书四适》

(养身养心之方)

○ **出舆人辇,"蹶痿之机";洞房清宫,"寒热之媒";皓齿蛾眉,"伐性之斧";甘脆肥浓,"腐肠之药"**——《书四戒》

(可为反腐倡廉、强身健体的格言)

○ **穷不忘道,老而能学**——《黄州上文潞公》

(人穷志不穷,人老心不老。活到老,学到老)

○ **欲把西湖比西子,淡妆浓抹总相宜**——《饮湖上》

(只要有好心情,什么都是美好的)

○ **惟愿孩儿愚且鲁,无灾无难到公卿**——《洗儿》

(人生多难,难得糊涂)

○ **道可致而不可求**——《日喻》

(要自然而致,不可强求)

——黄玉峰说苏轼

○已外浮名更外身,区区雷电若为神——《唐道人》

（站得高,看得广,热得透。站在是非之上,是非不见了）

○胜固欣然,败亦可喜——《观棋》

（荣辱不惊,去留无意。超然物外,潇洒自如）

○安则物之感我者轻,和则我之应物者顺——《问养身》

（安定和谐,不仅是养生之道,也是处世之道、治世之道）

○大江东去,浪淘尽,千古风流人物——《赤壁怀古》

（一切都将成为陈迹）

○老夫聊发少年狂——《江城子》

（是热血男儿,何等气势,何等胸怀,何等抱负,这乃老者的座右铭）

○有笔头千字,胸中万卷,致君尧舜,此事何难——《沁园春》

（青少年当有此志）

○剑在床头诗在手,不知谁作蛟龙吼——《郭祥正家》

（借竹石抒发内心惩恶扬善的决心）

○此生何止略知津——《八月七日》

（没有丰富的人生阅历,要达到知道明理的程度谈何容易）

○一任秋霜换鬓毛,本来面目长如故——《老人行》

（历尽挫折,依然故我）

○竹杖芒鞋轻胜马,谁怕？一蓑烟雨任平生——《定风波》

（风雨中行走,何等从容、洒脱,何等骨气）

○待浮花浪蕊都尽,伴君幽独——《贺新郎》

（凛然的品格,独立的情操）

○用舍由时,行藏在我——《沁园春》

（命不可违,自我在握）

○小舟从此逝,江海寄余生——《临江仙》

(与天地同在,与江河同生,自由自在,随心放旷)

○人老簪花不自羞,花应羞上老人头——《吉祥寺》

(头上插鲜花,反说鲜花害羞,此老风趣幽默,自信达观)

○小儿误喜朱颜在,一笑那知是酒红——《纵笔》

(好玩。父子情深)

○半醒半醉问诸黎,竹刺藤梢步步迷——《被酒独行》

(牛矢是路标,傻得可爱)

○水垢何曾相受,居士本来无垢——《如梦令》

(洗澡也能写出好诗。出污泥而不染。表明高洁)

○不羡千金买歌笑,一篇珠玉是生涯——《绝句》

(不羡慕不眼红,自信自我价值)

○且夫天地之间,物各有主,苟非吾之所有,虽一毫而莫取——《赤壁赋》

(对金钱物质的态度,是重道德重信誉,拒腐蚀的格言)

○名声实无穷,富贵亦暂热——《屈原塔》

(人到无求品自高)

○卒然临之而不惊,无故加之而不怒——《留侯论》

(内心坦荡,才能处变不惊)

○宁可食无肉,不可居无竹——《于潜僧》

(品在梅竹间)

○道理贯心肝,忠义填骨髓——《于李公择书》

(忠肝义胆,无所畏惧)

○问汝平生功业,黄州惠州儋州——《自题金山画像》

(自我评价这一生,有趣的是,不是记得风光的日子,而是记住艰难的岁月)

○人生如梦——《念奴娇》

——黄玉峰说苏轼

（这不是消极人生，恰恰是对人生的参悟。我等要好好领悟）

○ 罢粗米饭吃，便过一生也的——《与参寥书》

（何等品格）

○ 至今不贪宝，凛然照尘寰——《梦中作》

（绝笔，可敬可爱）

○ 吾生不恶，死必不坠——《与儿语》

（何等谦虚，只说不恶，不说不朽）

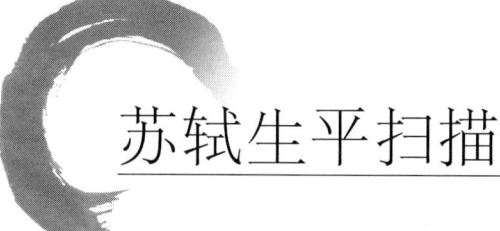

苏轼生平扫描

苏轼生平扫描

1037 年　苏轼出生。

1039 年　苏辙出生。

1047 年　祖父苏序卒。

1054 年　娶青神县进士王方之女王弗。

1057 年　中进士。

　　　　母程氏丧。

1057—1059 年　服母丧孝。

1059 年　举家迁往京都。

　　　　长子苏迈生。

1061 年　任凤翔判官。

1064 年　任职史馆,年底离开,第二年正月还朝。

1065 年　妻王弗丧。

1066 年　父苏洵丧。

1066—1068 年　服父丧孝。

1068 年　娶王弗堂妹王闰之。

1069 年　返京;任职史馆。

1070 年　苏迨生。

1071 年　任告监管;因与王安石矛盾加深,自请外调,任杭州通判。

1072 年　苏过生。

1074 年　任密州太守。

　　　　朝云入苏家。

1077 年　任徐州知州。

1079 年　任湖州知州。

　　　　乌台诗案发生。

1080—1084 年　谪居黄州。

1084 年　往常州。

1085 年　任登州知州;随后往京都,迁起居舍;三月间连升三级。

1086 年　以翰林学士知制诰。

1088 年　权知礼部贡举。

1089 年　任杭州知州。

1091 年　任吏部尚书;翰林学士承制兼侍读。八月任知州。

1092 年　任扬州知州;兵部尚书;礼部尚书。

1093 年　王闰之卒。

　　　　调定州知州。

1094—1097 年　谪居惠州。

1097—1100 年　谪居儋州。

1100 年　北归。

1101 年　往常州;逝世。

1102 年　葬于汝州郏城县钓台乡上端里嵩阳峨眉山。

图书在版编目(CIP)数据

千古风流人物：黄玉峰说苏轼/黄玉峰著.—上海：复旦大学出版社，2012.8(2024.11重印)
(中学生必读的五位中国大诗人)
ISBN 978-7-309-09154-0

Ⅰ.千… Ⅱ.黄… Ⅲ.①苏轼(1036~1101)-人物研究-青年读物
②苏轼(1036~1101)-人物研究-少年读物 Ⅳ.K825.6-49

中国版本图书馆 CIP 数据核字(2012)第 184283 号

千古风流人物：黄玉峰说苏轼
黄玉峰 著
责任编辑/李又顺 关春巧

复旦大学出版社有限公司出版发行
上海市国权路 579 号 邮编：200433
网址：fupnet@fudanpress.com　http://www.fudanpress.com
门市零售：86-21-65102580　团体订购：86-21-65104505
出版部电话：86-21-65642845
上海崇明裕安印刷厂

开本 890 毫米×1240 毫米　1/32　印张 7.375　字数 157 千字
2024 年 11 月第 1 版第 5 次印刷
印数 9 901—11 500

ISBN 978-7-309-09154-0/K·375
定价：38.00 元

如有印装质量问题，请向复旦大学出版社出版部调换。
版权所有　侵权必究